THE GUILFORD PRACTICAL INTERVENTION IN THE SCHOOLS SERIES

学校心理干预实务系列

丛书主编 [美]

译丛主编 李 丹

课堂中的社会与情绪学习：促进心理健康和学业成就

SOCIAL AND EMOTIONAL LEARNING IN THE CLASSROOM: PROMOTING MENTAL HEALTH AND ACADEMIC SUCCESS

[美] 肯尼思·W. 梅里尔 (Kenneth W. Merrell)
[美] 芭芭拉·A. 居尔德纳 (Barbara A. Gueldner) 著
孙红月 胡天翊 译

上海教育出版社
SHANGHAI EDUCATIONAL PUBLISHING HOUSE

本书献给在未来5～6年内即将进入学校的孩子。这些孩子生活在一个困惑与机遇并存的世界,相信本书会对他们产生积极影响。我们关注社会与情绪学习,希望当前这一课题的研究成果和未来的创新发展能够让这些孩子获益:锻炼心理韧性,获得良好适应,最终取得成功,创造一个比现在更美好的世界。在这些孩子中,我们想专门提到几个人:尼古拉斯(Nicholas)和亚历克莎(Alexa)(本书作者芭芭拉·A. 居尔德纳的侄子和侄女)、玛德琳(Madelynn)(本书作者肯尼思·W. 梅里尔的孙女)。愿你们梦想成真,愿世界变得更加美好。

关于作者

肯尼思·W. 梅里尔(Kenneth W. Merrell),博士,美国俄勒冈大学尤金分校(University of Oregon in Eugene)学校心理学方向教授,担任学校心理学研究项目负责人,以及特殊教育与临床科学系主任。梅里尔的科研和临床工作兴趣都是社会与情绪学习在学校教育中的应用,以及对儿童青少年的社会情绪评估和干预。他发表了许多相关的论文、专著章节,并出版了许多专著,也进行评估工具和干预方案的开发工作。梅里尔博士擅长在学校场景下进行儿童青少年教育工作,在领导学术和研究项目方面有着丰富的经验。

芭芭拉·A. 居尔德纳(Barbara A. Gueldner),博士,美国科罗拉多州丹佛大都会区帕克儿童青少年医疗中心(Parker Pediatrics and Adolescents)心理学家。她曾在威斯康星州和俄勒冈州的公立学校系统中担任学校心理教师,还从事儿科初级护理、住院重症医疗和精神护理等工作,面向从婴儿期到青年期的患者,在这些领域拥有十年以上的经验。居尔德纳博士的科研和临床工作兴趣包括儿童心理健康问题的整体预防和早期干预、儿童心理学问题、临床咨询，以及心理健康专业人员培训。她参与撰写了多篇相关主题的论文和著作章节，并参与开发了一套针对学生的社会与情绪学习课程。

致 谢

在这里，我们要感谢为本书作出贡献的个人与机构。在撰写本书时，我们希望本书的材料来源于实际工作，容易普及且具有实用性。我们的科研和实践经验在很大程度上帮助我们编写了书中的内容，尤其是其中的应用场景和案例研究。特别感谢来自俄勒冈州斯普林菲尔德(Springfield)、尤金(Eugene)和贝塞尔(Bethel)公立学区的教育工作者，多年来他们与我们合作，在我们参与的许多社会与情绪学习(social and emotional learning, SEL)活动中提供专业建议。写这本书的时候，我们俩有幸在各自的机构工作——俄勒冈大学尤金分校教育学院和科罗拉多州奥罗拉儿童医院，这两个机构都为我们的写作构思提供了坚实的基础和平台。感谢儿童医院的阿耶莱特·塔尔米(Ayelet Talmi)博士和布莱恩·斯塔福德(Brian Stafford)博士的支持，他们积极参与社区协作宣传和实践，使社会与情绪学习的概念能够在儿童中普及。感谢来自俄勒冈大学的多位教师，作为社会与情绪学习相关工作的博士论文学术委员会成员，他们对我们的工作提出了深刻的见解。我们的同事、加利福尼亚大学河滨分校的萨拉·卡斯特罗-奥利沃(Sara Castro-Olivo)博士参与撰写了本书第五章，卡斯特罗-奥利沃博士致力于研究和倡导将社会与情绪学习有效应用于多元文化和语言背景的学生，期待我们在未来有合作的机会。我们的社会与情绪学习工作深受俄勒冈州心理韧性项目研究团队的影响，在2001—2009年，该团队的30多名成员成为我们的合作伙伴，非常感谢他们在这段时间所作的贡献。吉尔福德出版社(Guilford Press)的编辑、制作和宣传团队在成书过程中给予我们很大帮助，特别感谢克雷格·托马斯(Craig Thomas)、娜塔莉·格林汉姆(Natalie Graham)和西摩尔·魏因加滕(Seymour Weingarten)的持续支持。当然，还要特别感谢克里斯·詹尼森(Chris Jennison)，他是一位真正的绅士和学者，是吉尔福德出版社出版的"学校心理干预实务系列"的倡导者。最后，我们要感谢几年前帮助将社会与情绪学习塑造和定义为一个核心实体概念的学者、实践者和政策支持者，包括创建"学业、社会与情绪学习合作组织"(Collaborative for Academic, Social, and Emotional Learning, CASEL)的人，以及带头开展相关工作的人，他们的远见为我们的工作奠定了基础。

总　序

“健康不仅是免于疾病或虚弱，而且是身体上、精神上和社会适应上的完美状态。”世界卫生组织对健康的界定具有重要的现实意义，它改变了人们一直以来只强调身体健康的观念，逐渐开始重视身心和谐、心理健康和社会适应。事实上，随着中国社会的变迁，社会经济结构的迅速发展变化，人们感受到越来越大的竞争压力，心理健康问题日益增多；2020 年以来新冠疫情在全球大范围流行，不仅对社会经济发展造成不可估量的损失，而且给公众特别是未成年人的心理带来巨大的冲击和影响。2019 年底发布的《中国青年发展报告》指出，我国 17 岁以下的儿童青少年中，约 3 000 万人受到各种情绪障碍和行为问题的困扰。其中，有 30%的儿童青少年出现过抑郁症状，4.76%～10.9%的儿童青少年出现过不同程度的焦虑障碍，而且青少年抑郁症呈现低龄化趋势。中国科学院心理研究所发布的《中国国民心理健康发展报告(2019—2020)》指出，2020 年中国青少年的抑郁检出率为 24.6%，其中重度抑郁检出率为 7.4%，抑郁症成为当前青少年健康成长的一大威胁。联合国儿童基金会《2021 年世界儿童状况》报告，全球每年有 4.58 万名青少年死于自杀，即大约每 11 分钟就有 1 人死于自杀，自杀是

10～19岁儿童青少年死亡的五大原因之一。在10～19岁的儿童青少年中，超过13%的人患有世界卫生组织定义的精神疾病。

儿童青少年大多是中小学以及大学阶段的学生，他们的心理健康问题和自杀行为的原因极其复杂，除了父母不良的教养方式等家庭环境因素，学校的学业压力、升学压力、同伴压力和校园欺凌以及不同程度的社会隔离等，均可能是影响他们心理健康的重要原因。特别是中小学生处于生命历程的敏感期，他们的发展较大程度上依赖家庭和学校，学校氛围、同伴互动和亲子关系等对他们的大脑发育、心理健康和人格健全至关重要。学生在中小学校园接受必要的知识和技能训练，尤其需要获得来自学校的更多关爱和心理支持。为此，我们推出“学校心理干预实务系列”这个以学校心理干预为核心的系列译丛，介绍国外已被证明行之有效的心理干预经验，借鉴结构清晰、操作性强的心理干预框架、策略和技能，供国内学校心理健康教育工作者参考。

本系列是我们继“心理咨询与治疗系列丛书”之后翻译推出的一套旨在提高学校教师心理干预实务水平的丛书。丛书共选择8个主题，每个主题均紧扣学校心理健康教育实际，内容贴合学生的心理需求。这些译本原著精选自吉尔福德出版社（the Guilford Press）出版的“学校心理干预实务系列”（The Guilford Practical Intervention in the Schools Series），其中有3本出版于2008—2010年，另有5本出版于2014—2017年。选择这几本原著主要基于三方面的考虑。

第一，主题内容丰富。各书的心理干预内容与当前我国学生心理素质培养和促进心理健康紧密关联，既有针对具体心理和行为问题而展开的心理教育、预防和干预，诸如《帮助学生战胜抑郁和焦虑：实用指南（原书第二版）》《破坏性行为的干预：减少问题行为与塑造适应技能》《欺凌的预防与干预：为学校提供可行的策略》和《儿童青少年自杀行为：学校预防、评估和干预》，又有针对学生积极心理培养和积极行为促进的具体举措，诸如《学校中的团体干预：实践者指南》《促进学生的幸福：学校中的积极心理干预》《课堂内的积极行为干预和支持：积极课堂管理指南》和《课堂中的社会与情绪学习：促进心理健康和学业成就》。

第二，干预手段多样。有些心理教育方案是本系列中几本书都涉及的，例如社会与情绪学习（social and emotional learning，SEL），其核心在于提供一个框架，干预范围涵盖社会能力训练、积极心理发展、暴力预防、人格教育、人际关系维护、学业成就和心理健康促进等领域，多个主题都将社会与情绪学习框架作为预防教育的基础。针对具体的心理和行为问题，各书又有不同的策略和技术。对心理和行为适应不良并出现较严重心理问题的学生，推荐使用认知治疗和行为治疗技术、家庭治疗策略等，提供转介校外心理咨询服务的指导和精神药物治疗的参考指南；对具有自伤或自杀风险的学生和高危学生，介绍识别、筛选和评估的方法，以及如何进行有效干预，如何对校园自杀进行事后处理等；对出现破坏、敌对和欺凌等违规行为的孩子，包括注意缺陷多动障碍和对立违抗障碍/品行障碍者，采用清晰而又循序渐进的行为管理方式。对于积极品质的培养，更多强调采用积极行为干预和支持(positive behavior interventions and supports，PBIS)方案促进学生的幸福感，该方案提供的策略可用于积极的课堂管理，也可有效促进学生的积极情绪、感恩、希望及目标导向思维、乐观等，帮助学生与朋友、家庭、教育工作者建立积极关系。

第三，实践案例真实。各书的写作基于诸多实践案例分析，例如针对学校和社区中那些正遭受欺凌困扰的真实人群开展研究、研讨、咨询和实践，从社会生态角度提炼出反映欺凌（受欺凌）复杂性的案例。不少案例是对身边真实事件的改编，也有一些是真实的公共事件，对这些案例的提问和思考让学习者很受启迪。此外，学校团体干预侧重解决在学校开展团体辅导可能遇到的各种挑战，包括如何让参与者全身心投入，如何管理小组行为，如何应对危机状况等；同时也提供了不少与父母、学生、教师和临床医生合作的实践案例，学习者通过对实践案例的阅读思考和角色扮演，更好地掌握团体辅导活动的技能和技巧。

本系列的原版书作者大多具有学校心理学、咨询心理学、教育心理学或特殊教育学的专业背景，对写作的主题内容具有丰厚的理论积累和实践经验，不少作者在高等学校从事多年学校心理学和心理健康的教学、研究、教育干预和评估治疗工作，还有一些作者是执业心理咨询师、注册心理师、儿科专家。这些从不同角度入手的学校心理干预著作各具特色，各有千秋，体现了作者学术生涯的积淀和职业生涯的成就。本系列的译者也大都有发展心理学、社会心理学、咨询心理学和特殊教育学的专业背景，主译者大都在高等学校多年从事与本系列主题相关的教学科研工作，熟悉译本的背景知识和理论原理，积累了丰富的教育干预和咨询评估的实践经验。相信本系列的内容将会给教育工作者、学校心理工作者、临床心理工作者、社会工作者、儿童青少年精神科医生以及相关领域的从业人员带来重要的启迪，也会对家长理解孩子的成长烦恼、促进孩子的健全人格有所助益。

本系列主题涉及学校心理健康教育的方方面面，既有严谨扎实的实证研究和理论基础，又有丰富多彩的干预方案和策略技术，可作为各大学心理学系和特殊教育系相关课程的教学用书和参考资料，也可作为各中小学心理教师、班主任、学校管理者或相关从业人员的培训用书，还可作为家庭教育指导的参考读物。本系列是上海师范大学儿童发展与家庭研究中心和心理学系师生合作的成果。本系列的顺利出版得到上海教育出版社的鼎力相助，该出版社谢冬华先生为本系列选题、原版书籍选择给予重要的指导和帮助，在译稿后期的审读和加工过程中，谢冬华先生和徐凤娇女士均付出了辛勤的劳动，在此一并致以真诚的感谢！

译丛主编：李丹

2022 年 7 月 15 日

前 言

1985 年，在科学家索尔克(Jonas Salk)发明小儿麻痹症疫苗 30 周年纪念日，有人问这位科学家，如果他现在是一位年轻学者，会考虑从事什么工作。索尔克毫不犹豫地回答："还是研究疫苗，但我要研究心理疫苗，而不是生理疫苗。"(引自 Buchanan & Seligman, 1995, p.250)可能大部分读者在第一时间还意识不到这句话的分量，索尔克的想法从很多方面来说无疑是颠覆性的。除了少数在第一批"婴儿潮"时代出生或者更年长的人，我们的读者可能都没有得过小儿麻痹症，但在 20 世纪 50 年代初，小儿麻痹症是所有传染性疾病中导致死亡和残疾的头号杀手，让父母闻之色变。经过几年的投入，索尔克的工作实实在在地改变了世界，小儿麻痹症逐渐减少并最终消失。在我们看来，能让这样一位在生理疫苗上作出突出贡献，研制出安全、有效的小儿麻痹症疫苗的人表示，如果有机会，他会把毕生精力用于干预和预防心理疾病，那是非常了不起的。

作为读者，你不需要说服自己认为促进儿童心理健康和预防社会情绪障碍至关重要。不过既然你在阅读这篇前言，那么至少说明你对这本有关促进学校心理健康的书很感兴趣，我们猜想你很可能不太确定要从哪里着手，所以会选择读这本书。也可能你已经开始这方面的工作，但在努力的过程中遇到挫折，没有看到预期的结果。那么，在这项“心理疫苗”的工作中，我们如何共同努力呢？从研究人员和美国国家心理健康研究所（National Institute of Mental Health）获得的数据来看，情况并不好。事实上，美国大约有五分之一的学龄儿童青少年存在需要重视并干预的心理健康问题，但在这些儿童青少年中，只有五分之一的人确实得到相关服务（参见 Hoagwood & Johnson，2003）。坦率地说，尽管有许多无私奉献的教育工作者和心理健康专业人员作出了惊人的努力，校内学生的心理健康工作现状仍不容乐观，我们必须做得更好。

不过，我们不能仅仅停留在这些悲观现状上，点头认同而后避之大吉。在这本书里我们想说的是，尽管面临共同的挑战和过往的失败，但现在我们拥有了可以利用的知识、工具和资源，可以在促进学生心理健康和学业成功方面发挥巨大的积极作用。而想要作出积极改变，现在就需要采取行动，有意识、有计划且谨慎地行动，你就是其中之一！

本书用以促进心理健康和学业成功的法宝就是课堂中的社会与情绪学习。虽然社会与情绪学习的具体技术、策略和概念并不新鲜，但直到最近几年（大概从 20 世纪 90 年代中期开始）才被清晰地描述为一个完整的框架，并逐渐发展成一个具有巨大潜在影响的领域。经过许多预防科学家和实践者的努力，如创建学业、社会与情绪学习合作组织，社会与情绪学习已经成熟起来，并开始在学校和社区中产生重大影响。你将在本书引用的研究中看到，尽管处于初级阶段，社会与情绪学习的潜在影响仍令人印象深刻，本书可以作为一本入门指南，引领教育工作者和心理健康专业人士开始在学校和相关环境中完整且结构化地运用社会与情绪学习。

本书虽然只有八章，但涉及社会与情绪学习的方方面面，包括规划社会与情绪学习并获取相关支持，选择课程工具，为学生和社区匹配最恰当的授课方式，测量和评估方案效果。第一章介绍并定义社会与情绪学习，如实说明它能为人们提供什么。第二章概述了现有的几个使用和研究最广泛的社会与情绪学习项目。第三章涵盖了在课堂上使用社会与情绪学习的要点，包括各种实用材料，涉及学生的准备工作和材料选择，以及如何不使用现成的课程包而自行设计社会与情绪学习活动。第四章探讨社会与情绪学习同学校课业学习之间的联系，针对如何将社会与情绪学习方案融入现有课程结构从而支持课业学习，提供了许多实践案例和建议。在学校推行社会与情绪学习方案是在一个复杂的、日益多样化和多元化的社会环境中进行的，第五章介绍如何调整社会与情绪学习内容，使其适应特定的文化情境，并给出一个实用的、循序渐进的指南。虽然社会与情绪学习是学校促进学生心理健康的重要工具，但我们也认识到，仅仅基于课堂的社会与情绪学习基础应用，并不能完全满足学生最迫切、最复杂的心理健康需求，因此第六章旨在扩展社会与情绪学习的影响，使其最大限度地服务于心理健康状况最差的学生，并探讨如何帮助这些学生与更大范围的社区心理健康计划对接。第七章初步介绍如何在社会与情绪学习中使用社会情绪评价、测量和评估策略，并介绍一些令人欣喜的新工具和创新成果，有些真的是“首次面世”。第八章深入分析在一些组织（如学校）中使用社会与情绪学习的复杂性，帮助你理解社会与情绪学习系统在这些复杂组织中如何变化，也提供了一些实用策略，帮助你在自己的组织中使用社会与情绪学习时作出规划和获得支持。

本书是不是把社会与情绪学习讲完了？当然不是。社会与情绪学习有许多重要内容，但由于写作本书的主要目的和篇幅限制，有些内容没有讨论。本书的主要目标读者是一线从业者，因此我们在写作时简化了复杂的概念，使它们容易理解，在介绍一些复杂的研究和教学设计问题时也加以概括。如果读者想要更深入地研究社会与情绪学习，还有其他一些优秀且更详尽的资源，其中有许多我们在书中引用过。此外，关于社会与情绪学习，以及如何在学校、社区和家庭作出并实现最优化的设计，还有很多需要学习的地方。对我们来说，这是社会与情绪学习最激动人心的前景之一，我们热切地期待探索新的前沿成果。

如果你不太了解如何使用结构化和清晰的课程材料来促进儿童青少年的心理健康，这本书非常适合你；如果你已经在学校用过一些社会与情绪学习或其他心理健康方法，这本书能帮你加强对社会与情绪学习的规划和应用；如果你对社会与情绪学习方法的使用已经很有经验，那么会对这本书介绍的一些新内容感兴趣，如社会与情绪学习的新工具、关于测量和评估社会与情绪学习应用成效的实用建议，以及如何在组织中通过策略性的规划流程来扩大社会与情绪学习的应用成效。

人类学家米德(Margaret Mead)有一句名言："一小群有思想的人就能改变世界，事实上，也只有他们可以做到。"索尔克研制出小儿麻痹症疫苗，进而改变世界，这对当时的人来说难以想象，而他表示，如果回到年轻时并重新开始，他将专注于"心理疫苗"的工作。我们认为，仅仅关注儿童青少年的心理健康现状已经远远不够，是时候采取一些有效的和建设性的措施了。我们相信，要想取得良好的成效，在课堂上结构化地使用有效的社会与情绪学习策略是一条最优路径，祝你在这条挑战与收获并存的道路上，一切顺利。

目 录

第一章 社会与情绪学习：这是什么，能为学生做些什么 1
本章引言和概述 1
为什么使用社会与情绪学习 4
定义及理解社会与情绪学习 9
社会与情绪学习的主要内容 11
积极行为干预和支持中社会与情绪学习的使用以及三级预防模型 18
积极行为干预和支持 19
三级预防模型 23
社会与情绪学习的好处：研究如是说 27
当前影响社会与情绪学习的立法趋势 29
本章小结 32
第二章 社会与情绪学习课程：精选项目介绍 38
本章引言和概述 38
社会与情绪学习的不同使用方式 38
选择适合学生需求的社会与情绪学习项目 39
使用经研究验证的社会与情绪学习课程包的优势 47
选择社会与情绪学习项目 53

关爱的学校社区 54
我能解决问题 55
促进多角度思维策略 56
培养健康儿童 58
安全和关爱的学校：学校技能与生活技能 59
第二步：暴力预防课程 60
社会决策/社会问题解决 61
思考、感受、行动：为孩子准备的情感教育课程 63
深入了解社会与情绪学习：强健儿童系列课程 64
如何选择成套的社会与情绪学习项目以满足需求 70
确认学校的需求 71
确认学生的短期目标和长期目标 71
评估学校正在使用或使用过的项目 72
考虑与你的需求和目标最匹配的项目 72
确认维持项目运行所需的资源 73
本章小结 73
工作表2-1 社会与情绪学习项目评估工作表 74
第三章 在课堂上使用社会与情绪学习的要点 75
本章引言和概述 75
准备和计划：基础 77
获取必要的材料 78
了解和理解内容 78
预估准备和实施所需的时间 81

技术支持：培训、咨询和反馈 81
测量进展 84
行为管理 85
结论 87
社会与情绪学习的实施 87
我们所教的是我们想教的吗 88
关注教学 94
在不同的情境和时间练习技能 95
社会与情绪学习进入家庭 97
针对特定人群修订社会与情绪学习项目 99
认知障碍学生 99
患有孤独症谱系障碍的学生 101
修订项目的一般原则 102
本章小结 104
工作表 3-1 社会与情绪学习教学准备进阶版：简易检查清单 105
第四章 利用社会与情绪学习促进课业学习 106
本章引言和概述 106
情景一 107
情景二 108
情景三 108
社会与情绪学习同学业之间的联系 109
社会与情绪学习影响学业表现的证据 109

评估社会与情绪学习项目的效果 113
社会与情绪学习的成分之一——师生关系的影响 114
应用社会与情绪学习提高学业成绩 115
在学校生活中整合社会与情绪学习 117
将社会与情绪学习概念纳入课业内容的典型做法 118
确定将社会与情绪学习整合到学业内容的哪些方面以及如何整合 120
在学生家中和社区推广社会与情绪学习 123
本章小结 125
工作表 4 - 1 在课堂上整合社会与情绪和课业学习的工作表 129
第五章 一种方法不能解决所有问题：调整社会与情绪学习以应用于多元文化世界 130
本章引言和概述 130
对社会与情绪学习项目进行文化调整的理由 132
社会与情绪学习项目的文化调整：美国学校人文景观的变化 135
调整和修改社会与情绪学习课程的指导原则 146
针对文化和语言多样性学生调整社会与情绪学习项目的建议和实例 149
回顾社会与情绪学习的重要思想 150
考虑什么时候进行文化调整 151
文化调整课程的局限性 155
本章小结 157

第六章 当课堂上的社会与情绪学习不足以解决问题时：将学生与心理健康服务联系起来 162
本章引言和概述 162
从另一视角看三级预防模型 163
第一层次：必要的但不是足够的 164
第二层次：再多一些 166
第三层次：更多 170
心理健康评估和治疗的生态学方法 175
需要全面护理的心理健康问题的例子 177
精神病 177
酗酒和药物滥用 178
创伤 179
获得社区心理健康服务 180
有执照的临床社会工作者 183
有执照的专业顾问 184
有资质的心理学家 185
精神病学家 185
儿科医生、家庭医生和护士 186
本章小结 187
工作表 6-1 规划和协调以社区为基础的心理健康保健工作表 191
第七章 社会与情绪学习的评估策略 192
本章引言和概述 192
评估社会与情绪学习能力 193

评估方法 195
推荐的评估方法和工具 197
利用评估数据解决问题 208
阶段一：问题识别和澄清 210
阶段二：数据收集 211
阶段三：分析 211
阶段四：解决方案和评估 212
三级预防模型筛选和评估 213
利用简短的评估数据监测个体学生的干预进展 217
本章小结 223
工作表 7－1　社会和情绪评估工作表 228
第八章　在学校系统中使用社会与情绪学习：组织动态和战略规划 229
本章引言和概述 229
变革中的学校：理解动态系统 231
战略规划问题 236
获得行政支持 238
在日程表上分配时间 242
考虑专业发展培训 244
争取教师支持 246
争取家长和社区支持 248
本章小结 250

参考文献 256
译后记 274

第一章

社会与情绪学习：这是什么，能为学生做些什么

本章引言和概述

即便在重重乌云之下，仍有几束希望之光透出——面对挑战，孩子们依然能杀出重围，获得成功。社会与情绪学习将希望之光放大——如果学校教育能引入社会与情绪学习，所有学生都能受益。

开始写这本书时正值九月初，在我们居住的美国北部地区，白日渐短，夜晚渐凉，绿叶开始冒出红色或黄色，种种迹象昭示着夏季正逐渐离我们远去。又到一年开学季，野营地开始收官，公园泳池不再蓄水，高中的橄榄球场在每周五晚上重新亮灯开赛。美国大部分学生都在过去两周内陆续回到学校开启新学年，几天前，还在院子里的洒水器间穿梭或在公园里嬉戏的孩子们，如今每天早上都要去上学了。对学生、家长和教育工作者来说，新学年期待和畏惧共存——期待新的可能性，同时畏惧新的挑战。

就在昨天，本书作者之一（肯尼思·W. 梅里尔）与一位小学校长开会，这位校长年过五十，是一位经验丰富的教育家，参加会议的还有几位关心儿童教育的人士。这所小学有大批“问题”学生，三天前刚开始新学年，此次会议是为了讨论学生及其家庭面临的几项严峻的问题，以及如何应对这些问题。当大家开始重复提出这些困扰许多学生及其家庭的问题时，会场的气氛愈发消极，这些问题似乎已经笼罩在大家头上很久，而从这个沼泽中挣脱的机会看起来也很渺茫。会议讨论暂停，校长作了一个发人深省的讲话：

有时候，我们会觉得孩子和家长面对的这些问题是不可能解决的，也开始怀疑我们究竟能否为他们的人生带去足够大的改变，这种感觉让人非常泄气且郁闷。但你们知道吗？这个星期学校开学，空气里又充满了活力和希望，开学第一天，当我看到那些新生背上书包，兴冲冲地踏入校门，就觉得一切问题都能解决。

确实如此。在每个社区和学校，孩子和家长都面临很多问题，有些是能应对的，有些则完全难以招架。不过，希望之光不灭。我们在职业生涯中遇到了许多教育工作者和心理健康专家，大部分是怀揣着希望踏上职业道路的，他们想为这个世界带来改变，想要改变他人的人生，帮助、支持和鼓励年轻人得到一个充实且收获满满的人生。即便在重重乌云之下，仍有几束希望之光透出——面对挑战，孩子们依然能杀出重围，获得成功。

从某种意义上来说，本书就是携着希望而来的。社会与情绪学习这个蓬勃发展的领域在很短的时间里走到我们面前，将希望带给教育工作者和儿童心理健康专业人员，向他们提供经过系统梳理和阐释的科学理论、教学方法和教学材料，帮助他们促进学生的心理健康、社会和情绪调节以及学业成功。我们认为，如果学校能纳入社会与情绪学习，所有学生都能受益，因为社会与情绪学习很容易融入教育情境，不仅有益于儿童青少年的心理健康，而且有助于他们的学业成功。本书是一本实践指南，帮助你了解社会与情绪学习，指导你将社会与情绪学习应用于学校和课堂。我们深信，只需要适量的时间投入和极少的（如果有的话）材料投入，你就可以立刻在自己的课堂或其他实践环境中开始使用社会与情绪学习工具，并取得良好的效果。

本章首先讨论为什么学校需要社会与情绪学习工作。我们认为，当前社会儿童和家庭正面临前所未有的挑战，这些困难普遍存在，如果不加以关注，可能会导致极其负面的后果。因此，这些儿童和家庭迫切需要学习社会、情绪、认知和行为技能，这些技能可以帮助他们缓冲和避开这些困难。随后，本章概述了社会与情绪学习的基本定义和常见要素，并阐述了社会与情绪学习方案的重要组成部分，以及每个部分如何影响儿童青少年的发展表现。对采用积极行为支持（positive behavior support，PBS）原则进行行为管理的学校来说，社会与情绪学习活动是理想的辅助手段（社会与情绪学习对不采用积极行为支持的学校同样重要），所以本章也会讨论如何在积极行为支持的三级预防模型下使用社会与情绪学习。本章还探讨了近期在推动社会与情绪学习进学校的立法行动中的一些工作，因为我们觉得（并希望）这些州一级的政策和激励措施能够作为先驱性的工作，将社会与情绪学习推向国家层面。我们还简要讨论了社会与情绪学习的研究基础，分析社会与情绪学习有哪些优点已得到研究论证，以便读者可以放心，本书推广的东西是实实在在的。最后，我们会用一个小场景来展现一位教育工作者在课堂使用社会与情绪学习的经验。

为什么使用社会与情绪学习

在一个普通班级里，每五个学生中就有一个会出现心理健康问题，但这些学生中只有少数人能得到适当的干预。社会与情绪学习提供了一种替代方法，能够为所有学生提供基于课堂的预防性心理健康服务。

1998 年 5 月 20 日，笔者两人正在威斯康星州和艾奥瓦州各自的工作岗位上愉快地工作，都没有注意到西海岸发生的一个悲剧，而这个悲剧会对我们产生重大影响。那天，位于俄勒冈州斯普林菲尔德市的瑟斯顿高中（Thurston High School）发生枪击事件。随着事件的消息不断传来，我们和全美教育工作者与公民一样，对事件深感关切。事件中，一名 15 岁的学生携带枪支到学校疯狂射击，导致他的父母和 2 名学生死亡，25 名师生严重受伤，整个学校和社区都陷入巨大的伤痛之中。虽然我们两人都没有直接参与这个事件的后续进展，但事件的余波最终还是对我们产生了影响。

那年春天，本书作者之一（芭芭拉·A. 居尔德纳）在威斯康星州做学校心理教师，一年后被俄勒冈州斯普林菲尔德学区聘用，瑟斯顿高中正是其负责的学校之一。尽管当地的教师、行政人员和学生都在艰难地试图从伤痛中恢复过来，但悲剧带来的负面影响仍然很明显。最明显的一点就是，在之后很长一段时间乃至三四年后，在瑟斯顿高中和邻近的一所中学，那些存在心理健康问题或其他适应困难的"高危"学生被这个事件进一步推入"危险区"，他们身上的很多问题和症状加剧，这种情况渗透到学生教育和心理健康服务的整体环境及日常工作中。本书另一位作者（肯尼思·W. 梅里尔）当时在艾奥瓦州的一所大学工作，他与这个枪击事件则另有渊源。在事件发生的十年前，他就在俄勒冈州枪击事件发生的社区攻读研究生，并在瑟斯顿高中作过一次短期的实践观察，他还有侄子和侄女在附近上学。后来，他回到俄勒冈大学任教，与斯普林菲尔德学区的特别服务协调员有过密切合作，也曾安排修读学校心理学的学生到该学区的学校完成实践作业。枪击事件发生时，是梅里尔离开俄勒冈州的第十个年头，对他有特别的意义，他自己深切地体会到枪击事件带来的长期的后续影响。

为什么我们要在这本关于社会与情绪学习的书中提及这个可怕的校园枪击事件？我们并不想证明社会与情绪学习方案本来能阻止这场悲剧，但我们可以深入研究一下该事件和后续事件。除了 1998 年在俄勒冈州发生的这个事件，20 世纪 90 年代中后期，美国有几个州（科罗拉多州、肯塔基州和阿肯色州等）发生了几起类似的暴力事件，一时间引起教育和心理健康相关的政策制定者与从业者的注意。通常，在事件发生后的几个月内，专业人员会更加重视危机预防和干预、校内行为和心理健康问题，特别是针对学生暴力的风险评估和预测，这样的重视是恰当且必要的。然而，随着这些大规模创伤性事件逐渐淡出新闻媒体的视野，人们的关注点也逐渐转移。许多学校董事会和州立法机构采取了“强硬”和“零容忍”的政策，这些政策是惩罚性而不是预防性的，更多是让高危学生离开学校，而不是为他们提供心理健康服务。2001 年，美国国会通过了《不让一个孩子掉队法案》(No Child Left Behind Act, NCLB)，该法案强调标准化、问责制、基本学业技能和频繁的评估，令全美学校管理者心惊胆战，因为他们害怕评估结果会将自己的学校置于可怕的“失败学校”名单上，或者至少显示出他们的学校比不过兄弟学校。我们认为，虽然《不让一个孩子掉队法案》由一些严肃议题推动，并产生了一些重要的积极影响，但也存在一个明显的弊端：由于它给教育工作者施加了巨大的压力，因此许多学校将更多注意力放在提高学生的基础学业成绩上，而忽视了初级预防和心理健康，心理健康和社会情绪健康问题又一次退居其次。在过去的十年中，社会与情绪学习逐渐形成自己的领域，在我们看来，当前学校的工作重心应该停止这样剧烈的反复，而将心理健康工作从教育实践的边缘拉回主流位置。

校园枪击这样的轰动事件通常会推动人们关注学校对社会与情绪学习，以及心理健康工作的需求，但这种反应性的需求反而掩盖了对持续性工作的需求。轰动事件发生后，人们的关注会从其他事情转向预防和应对该轰动事件，而随着关注减弱，我们不再看到相关报道时，政策制定者和管理者就会觉得万事大吉，问题至少暂时得以解决，是时候翻篇，开始新生活了。

这样的看法是短视而危险的。美国儿童青少年的心理健康状况绝不是万事大吉。当然，我们不想危言耸听，也不想把这一节内容变成凄风苦雨的血泪史哭诉，但我们需要考虑一些值得警醒的事实，这样才能帮助我们充分了解当前的形势。虽然大多数孩子都能很好地应对他们面临的社会、情绪和学业问题，但也有许多孩子做得并不好。而且，即使是那些适应能力看起来不错的孩子，许多人的心理状态也是很脆弱的，一个压力事件或状况就能将他们推向悬崖，进入危机模式。

根据流行病学研究和估计，在一个学年中，大约有20%的学龄青少年会出现心理健康问题（Coie, Miller-Johnson, & Bagwell, 2000; Greenberg et al., 2003）。简单来说，在一个普通班级中，每五个学生中就有一个会出现心理健康问题。在出现问题的孩子中，高达8.3%的人会有明显的抑郁问题（Greenberg, Domitrovich, & Bumbarger, 2001）。而且，大约80%的出现心理健康问题的青少年在危机中无法获得有效的干预服务（Greenberg et al., 2003）。如果没有得到干预，一个问题引发另一个问题，问题可能会产生“多米诺骨牌”效应，青少年只能不断挣扎，疲于奔命。这些问题很少是暂时性的，尤其当青少年缺少适当的支持时，许多问题甚至可能持续一生。例如，一个严重抑郁的青少年可能会同时出现哀伤、注意力不集中、易怒、人际冲突、社会排斥和学习成绩下降等问题，如果没有及时发现和治疗，没有通过社会与情绪学习获得相关技能和知识来支持自己，这个青少年最终将不可避免地面临学业失败、辍学、失业、贫穷、矛盾的人际关系，甚至自杀（Michael & Crowley, 2002）。从经济和更大的社会背景来看这些问题，美国每年花费数十亿美元用于治疗现有精神障碍，以及处理劳动力丧失和死亡率、刑事司法成本等问题（Coie et al., 2000）。可以说，社会为我们的心理健康问题付出了巨大的代价。

科伊等人（Coie et al., 2000）强调，如果我们要阻止儿童青少年心理健康问题继续恶化，就迫切需要开展预防工作。预防心理健康问题的工作能够在源头上阻止这些问题出现，而且其成本远低于为现有的慢性心理健康问题提供治疗的成本。针对心理治疗的需求，未来我们还会面临心理健康专业人员短缺的问题，许多需要帮助的人可能根本无法得到帮助。如果你在学校的相关机构工作，应该非常清楚这个状况：学校里通常没有足够的心理教师、咨询师和社会工作者来满足学生的所有需求。所以，我们认为，作为专业人员以及旨在争取社会正义的社会公民，在职业道德和伦理上，我们有义务向所有遭遇人生挑战的人提供有效的、经过科学论证的预防服务。

在应对这些挑战的过程中，我们的优势在于，学校是提供预防和干预服务的极佳场所。事实上，在那些为数不多的幸运地获得心理健康服务的学生中，有75%是在学校接受服务（Hoagwood &

Erwin，1997）。研究人员（Doll & Lyon，1998）提出，学校最有机会提升学生在学业、个人和社会领域的能力，因为学校致力于帮助学生获得人生成功，非常重视在这个过程中所需的技能，如良好的问题解决能力、学业能力、社交能力和情绪能力，从而有动力调动资源来为学生提供相应的课程。

最明显的是，自从《不让一个孩子掉队法案》颁布，要求加强对学生表现的问责制，学校对学生获得成功的积极性也与日俱增。虽然前面已经提到，在这项立法带来的提升学生课业表现的压力之下，许多学校不再将工作重心放在心理健康问题的预防上，但这项立法也有一个方面支持或者至少可以用来支持社会与情绪学习：对学生学业成绩的要求越来越高，也让学校越来越认识到，青少年的社会与情绪能力对其成年后的适应至关重要，因此需要在这方面加强努力。此外，在第四章也会看到，社会与情绪学习同样能对学生的学业表现产生积极影响，所以不应该将其视为学业工作的对立面。格林伯格等人（Greenberg et al.，2003，p.470）指出："对新世纪的学校来说，想要帮助所有孩子在学校和人生中获得成功，仅仅提供学业指导是远远不够的，这是一项全国性的共识。"对此我们完全同意。

定义及理解社会与情绪学习

通过符合儿童发展特征的课堂教学，以及将学习应用于日常情境，社会与情绪学习方案培养了儿童识别和管理情绪、欣

> 赏他人观点、确立积极目标、作出负责任的决定和处理人际情境的技能。(Greenberg et al., 2003, p.468)

虽然前面提到的可能并不是什么新问题，但社会与情绪学习这个领域是相对新发展出来的。从20世纪90年代开始，在丹尼尔·戈尔曼(Daniel Goleman)出版其重要著作《情绪智力》(*Emotional Intelligence*)(1995)时，几个相关学科的研究者开始寻求共同点来建立一个框架，以帮助儿童青少年在学校背景下获得积极的社会、情绪和学业发展。格林伯格等人(Greenberg et al., 2003)提到，“社会与情绪学习”一词是由一群预防研究者、教育工作者和儿童权益维护者创造的，1994年他们参加了由费策尔研究所(Fetzer Institute)主办的会议，目的是推动该领域在促进心理健康方面的努力。几位参与费策尔小组工作的研究者后来成为建立学业、社会与情绪学习合作组织的核心人员，这个组织迄今为止一直是推动社会与情绪学习目标最有影响力的组织。

社会与情绪学习涵盖并扩展了教育干预工作的几个重点领域，包括社会能力培训、积极青年发展、暴力预防、个性教育、初级预防、心理健康促进等。社会与情绪学习并不取代这些重要工作，只是提供一个框架，将这些重点领域中最具优势的部分纳入其中，帮助满足儿童青少年在教育和心理健康方面的需要。

社会与情绪学习的社会层面涉及与他人(如同伴、教师和家人)建立积极的关系，这部分反映了人际的发展。社会与情绪学习的情绪层面涉及自我意识或自我认识的培养，重点关注情绪或感受，也隐含与情绪相关的认知或思想，这部分本质上反映了个人内部的发展。社会与情绪学习的学习层面说明，学生在社会与情绪方面的成长和调节是可以经由教学、实践和反馈来传授和学习的，在这个概念中加入“学习”一词，也能够显示社会与情绪学习和学校等教育场景的天然联系，并提示可以通过特定的课堂教学活动和课程达到目标。

社会与情绪学习没有“官方”定义。实际上，研究者提出了几种定义，各种定义不完全一致，但细微的差异或不同见解与实际的工作成效无关，也不影响你在自己的学校或机构中开展社会与情绪学习工作。在我们看来，定义的重要作用在于围绕一个思想或概念建立工作参数，使得该思想或概念易于理解和使用。我们非常喜欢的一个社会与情绪学习定义是：“通过符合儿童发展特征的课堂教学，以及将学习应用于日常情境，社会与情绪学习方案培养了儿童识别和管理情绪、欣赏他人观点、确立积极目标、作出负责任的决定和处理人际情境的技能。”（Greenberg et al., 2003, p.468）另一个定义也不错：“社会与情绪学习是一个过程，通过这个过程，我们学会识别和管理情绪，关爱他人，作出好的决定，有道德和责任感，发展积极的关系，避免消极的行为。”（Zins, Bloodworth, Weissberg, & Walberg, 2004, p.4）

社会与情绪学习的主要内容

虽然社会与情绪学习的定义简要概括了社会与情绪学习中我

们关心的问题，但没有精准地指出，教育者和心理健康专业人员在帮助学生时应该重点提升学生哪些特定的技能、属性和重点领域。下面进一步介绍这些方面的内容。

康健

我们打算从“康健”（wellness）这个有趣的概念开始。很多时候，许多针对问题儿童青少年的预防和治疗工作都集中于消除或减少异常或障碍（教育意义上的“疾病”），而没有真正提出诸如“什么是康健”“一个康健的学生有什么特点”“我们如何实现康健”之类的问题。洛里翁（Lorion，2000）在讨论促进心理健康时指出，“康健是指一种心理能力，用以应对随时间、环境和情境而产生的需求”（p.15），并进一步指出，“作为一种贯穿个体整个人生的特征，康健应该是满足不同情境需求的正常状态而不是特殊情况。……这本身就是一种积极的状态，而不仅仅是没有功能异常的一种指标”（p.17）。洛里翁的观点提示，我们往往认为康健是没有疾病或异常，而没有过多考虑一种积极的康健状态到底是什么样子。以人为服务对象的专业人员，特别是心理学家和精神病学家，传统上都是把诊断和治疗疾病作为主要的服务内容，很少考虑康健包含哪些属性。正如一句老话所说，“当锤子是你唯一拥有的工具时，你看什么东西都像钉子”。许多人都忙于标注疾病和障碍，提供治疗方案，没有真正去探求何为康健，但这才是我们服务个体与群体的最终目的。

通向康健的路径

社会与情绪学习的最佳应用场景是家中，从呱呱坠地开始，在兼具能力和爱心的父母的正面榜样下，孩子成功且幸福地成长。然而，我们每个人成长的家庭环境不同，并不是所有人都有幸生活在健康的家庭环境中。

当我们认识到康健本身及其体现的思想的重要性后，应该怎样获得康健呢？一个不康健的人如何恢复康健呢？当我们和同事开发“强健儿童”(Strong Kids)社会与情绪学习方案(第二章会详细描述这个方案和其他几个社会与情绪学习方案)时，我们希望能找到一种系统性的方法来促进儿童的社会、情绪和学业康健。在前期的文献回顾工作中，我们发现了一个有趣的观点，即预防科学领域的先驱考恩(Cowen, 1994)提出的通向康健的路径五分法，他和罗切斯特大学(University of Rochester)的同事在开创性的初级预防项目(Primary Prevention Project)中做了许多研究和临床推广工作，提出了以下五条促进康健的基本路径：

- 形成健全的早期依恋。幼儿需要与父母、其他主要照看者、兄弟姐妹建立充满信任、温暖和情感的积极关系，健全的早期依恋为以后与同伴、教师等人建立积极关系奠定了基础。缺失健全的早期依恋可能是后期出现社会和情绪问题的关键诱因。

- 发展适龄能力。婴儿期、童年期和青春期的每个阶段都需要发展特定的能力，这样才能以最佳的康健状态获得每个发展阶段的成功。虽然每个儿童学习新技能和新概念的速度不同，但如果儿童能够得到适当的支持和指导，那么大多数情况下能够在每个阶段获得相应的能力。
- 处于有益康健的环境中。环境的设置对于促进康健有巨大的影响，虽然有些处于不利环境中的儿童仍能达到康健状态，但相对而言可能性非常小。
- 对自己的命运具有控制感。尽管父母、同伴和环境对于实现康健至关重要，但也有内部变量在起作用。无论情境如何，相信自己能够管理和把握自己的命运似乎是通向社会和情绪康健的重要路径。心理学家通常把这种信念和思维模式称为内部控制源(internal locus of control)。
- 有效应对压力。虽然我们每个人面对的生活压力不尽相同，但压力是生活中不可避免的一部分。不论压力大小，有效和积极应对压力的能力是促进康健的另一项关键技能。

毫无疑问，为达到最佳效果，所有综合性社会与情绪学习课程或干预方案都应该从这五条基本路径入手，可以关注其中几条，当然最好关注全部路径。任意一条路径受阻都可能导致不良结果，并损害一个人的整体康健。所幸，针对上述每一条路径，我们都已经有具体的步骤、技术和干预工具。

以人为中心的社会与情绪学习能力

津斯等人(Zins, Weissberg, Wang, & Walberg, 2004)提出的以人为中心的社会与情绪学习能力框架也可以帮助我们理解社会与情绪学习的主要内容。这个社会与情绪学习框架没有明确关注一个人的周围环境，而是强调一些需要广泛使用认知、情感和自我调节状态的能力。这些状态在很大程度上由内部调节，可以看作自我相关的社会情绪调节形式(见 Merrell & Gimpel, 1998)。

以人为中心的社会与情绪学习能力框架包括以下关键要素：

- 自我意识。包括辨别和识别情绪的能力，获得准确的自我认知，认识自己的优势、需求和价值，有自我效能感，有高层次的精神世界，即一个人能认识到自己在环境中的位置及自己与其他事物的关系，有高水平的力量和创造力。
- 社会意识。涉及与他人的有效联结，包括站在他人的角度并与之共情的能力(采纳不同情绪视角的能力)，接受并欣赏人的多样性，恰如其分地尊重他人。
- 负责地决策。主要是指以负责任的方式作出决策的能力，包括识别问题，评估出现问题的状况，使用有效的问题解决技能，评估和反思各种选择，培养个体感、道德感和伦理责任感。
- 自我管理。是指内部的自我调节技能，以及将这些技能转化为实际行动的能力，自我管理包括冲动控制、压力管理、自我激励和个人纪律，以及设定适当目标并组织行动以实现目标的能力。

- 关系管理。成功的人际关系不仅需要社会意识，而且需要有效的行为技能。津斯等人在这方面强调沟通、社交参与、合作、谈判、冲突管理等内容，也包括求助和助人的技能。

表1-1详细举例说明了这些要素。这些要素中有没有哪些不适用于预防和干预课程？在我们看来没有。目前，我们还没有发现学校通过系统教学来提升这些要素会带来负面影响。不管是从康健角度来理解社会与情绪学习，将社会与情绪学习视为促进健康的社会和情绪发展的重要路径，还是在以人为中心的框架下理解社会与情绪学习，关注哪些要素有助于个体的有效调节和积极关系，这些特征对每个人来说都是重要且实用的。但是，正如本章前面所讨论的，我们无法保证所有人或者大多数人都能够获得成功，甚至无法保证大多数人都能够培养出幸福和成功生活所需的最低限度的能力，事实上，许多人在各种关键的社会情绪要素上都有明显的缺陷。正如我们不会认为学生在没有指导的情况下就能学会阅读，我们也不能理所当然地认为，在没有明确的教学计划和掌握基本要素的情况下，学生就能自行发展这些能力。因此，除了传统的“3R”教育中的阅读（reading）、写作（writing）和算术（arithmetic）之外，社会情绪韧性（resilience）应该成为第4个“R”，社会与情绪学习应该作为学校课程的一部分。

表 1－1　以人为中心的社会与情绪学习能力框架：五个关键要素的描述和示例

要素	描述	示例
自我意识	识别自己的情绪、认知、价值、优势和需要的能力。	一个学生知道数学是自己的弱项，意识到自己在学习时会感到灰心，进而引发一些消极和不切实际的想法。
社会意识	识别他人的观点、差异和情绪的能力。	一个学生和朋友一起打篮球，她意识到队友被夸奖时会更努力地表现，看起来也更开心。
负责地决策	识别问题并启动有效的问题解决程序的能力；评估和反思自己的行动的能力；个人责任感的培养。	一个学生要在几周内完成一项高难度的期末作业，为此他制定了一个时间表。
自我管理	监控自己的情绪、冲动和行为，从而实现个人目标的能力。	一个学生正在参加一场颇有难度的考试，感到压力很大且非常紧张，于是他深呼吸，试图放松自己并完成考试。
关系管理	能够沟通、合作、协商、提供和接受支持，以建立令人满意的人际关系。	一个学生和父母在家规上意见相左而发生冲突，她决定和父母进一步讨论，看看能不能争取一些改变。

理想状态下，积极的社会与情绪学习应该在家中进行，从婴儿期开始，由兼具能力和爱心的父母提供正面榜样，并通过努力将孩子培养成一个成功和幸福的人。毋庸置疑，这样的家庭环境是一个孩子成长为有能力、快乐和独立的人所能得到的最优配置。但最不幸的是，并不是每个人都能生活在这样“高配置”的家庭环境

中。即使是那些在家庭环境方面“赢在起跑线”上的孩子，课堂里的社会与情绪学习也能帮助他们应对不断增加的社会压力和现实世界对他们的要求，从而进一步帮助他们远离不良后果。在这一点上，勃兰特(Brandt，1999，p.173)的评论对学校全面推广社会与情绪学习的必要性一锤定音：“社会与情绪学习是一个新概念，但这个想法很早之前就有了。在所有文化下和每一代人中，教育工作者和父母都关心儿童的幸福感以及与他人相处的能力。在当今社会环境中，即使教师的首要任务是提升学生的学业知识和技能，他们也别无选择，必须关注学生的个人和社会发展。”

积极行为干预和支持中社会与情绪学习的使用以及三级预防模型

在促进儿童的心理韧性、心理健康和学业成就方面，我们并不主张社会与情绪学习应该脱离其他项目和计划而“独立运行”。事实上，无论是社会与情绪学习，还是其他任何学校工作，这样的做法都是极为短视的。许多资深教育家发现，长时间反复的学校改革或所谓“新”项目反而会让人们感到烦恼和沮丧，每隔几年就推出新的计划、立法或行政命令，人们只看到它们消耗了大量精力和资源，还没来得及实现承诺就不得不放弃，转而支持下一项改革或命令。我们已经在学校里待了很长时间，如今回头反思，看到很多曾经被热烈追捧的倡议和项目，后来却因为在某些方面存在重大缺陷，最终被时代抛弃。所以，我们重新明确：社会与情绪学习不是一个时髦的新想法或新项目，针对现有的教育和社会问题，社会与情绪学习也不是一个独立运作的解决方案，而是一个基本框架，应当纳入当前学校工作，对当前教育工作加以补充、完善和强化。我们认为，一所安全、有效和充满关爱的学校应该有四个主要的组成部分，除了有效的学业指导、关爱和培育的学校环境，以及积极行为干预和支持作为基础，社会与情绪学习也应该是关键要素之一，在考虑这四个要素的重要性和位置时，需要认识到这四个要素缺一不可。图 1－1 详细说明了这四个要素的重要性，它们是如何互相关联的，以及在整体学校环境中如何发挥作用。

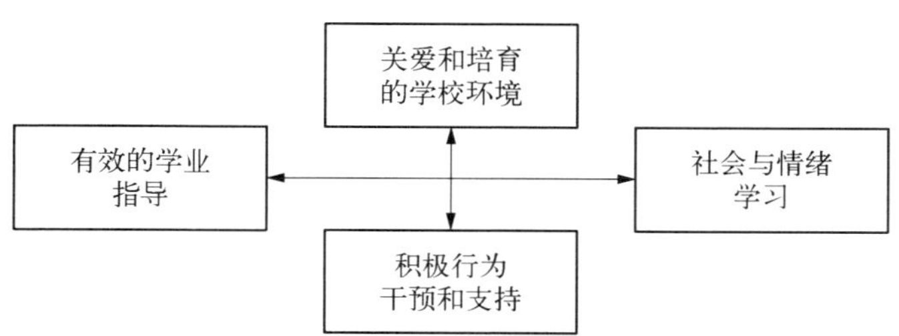

图 1－1　四个都要：一所安全、积极、有效和关爱的学校应包含的四个要素

积极行为干预和支持

在我们提出的四个关键要素中，除了社会与情绪学习，有效的学业指导、关爱和培育的学校环境这两点很容易理解，积极行为干预和支持（positive behavior interventions and supports，PBIS）则是一个比较新的概念，读者可能不太熟悉。因此，我们会简要介绍积极行为干预和支持的工作，以便了解为什么它能被列为四大关键要素之一，以及它如何同社会与情绪学习形成自然的联系。

积极行为干预和支持是一种基于行为原则的学校纪律和行为管理的数据导向方法。它不同于许多传统的行为管理系统，因为它侧重于教授、塑造和强化学校中的适当行为，摒弃了侧重于惩罚违规行为的反应性方法。积极行为干预和支持的拥护者指出，基于惩罚的反应性行为管理系统侧重于对违反规则的行为作出反应，这样的方法没有效果，因为它只能在短期内抑制问题行为，而且没有教会学生怎样在学校中作出适当行为(Crone, Horner, & Hawken, 2004)。此外，相比传统的行为管理系统，理想情况下积极行为干预和支持工作能够在全校范围内开展，而不是在选定的个别课程中实施。这种做法的优势在于，行为管理的要求、规则和程序能够跨课程、跨年级保持一致。在使用积极行为干预和支持的学校，学生不需要在一个复杂的学校环境中去适应和调整不同的行为要求和结果，可以形成一个可预测的习惯，每天在不同课程、不同教室中保持一致。同样，在这样的学校，教职人员对于应该如何处理学生的行为会有明确的预期，管理者也会给予稳定的支持。

美国教育部国家技术援助中心(the U.S. Department of Education's National Technical Assistance Center)的积极行为干预和支持网站上有大量积极行为干预和支持的相关信息和资源，包括在学校或学区范围内使用积极行为干预和支持的基本情况描述、研究参考资料、网站链接和专家培训课件。此外，关于如何在学校实施积极行为干预和支持，克龙等人（Crone et al.，2004）的专著《应对学校中的问题行为：行为教育方案》（*Responding to Problem Behavior in Schools: The Behavior Education Program*）作了实用、全面的介绍。如果读者想了解更多关于积极行为干预和支持的基本信息，可以参阅上述资料。

接下来阐述如何整合社会与情绪学习同积极行为干预和支持，以及两者如何互补。我们不在技术层面详细介绍积极行为干预和支持，仅用下面几条概括在学校使用积极行为干预和支持的基本要点：

- 需要在教职工和行政层面引进和支持，这有助于积极行为干预和支持在全校范围内运作。
- 教职工接受有关积极行为干预和支持实施基本要点的充分培训，如果有问题，可向团队领导或其他内部专家咨询。
- 学校采用一套简明、扼要且正向表述的行为规则（如“注意安全”“尊重他人”和“承担责任”），并向学生提供直接的指导，帮助学生了解这些规则的含义，以及如何达到这些规则的要求。
- 教师定期在自己的课堂上提及并重申这些要求和规则。
- 如果学生表现良好，那么能够得到认可、赞扬或其他激励。
- 定期向所有学生传授行为和社会技能。
- 对不遵守积极行为干预和支持规则与要求的学生予以纠

正，重新教授规则，对不当行为给予警告和简单的惩罚（如免除特权）。

- 对于那些反复违反规则和行为要求的学生，学校会提供更深入的支持方案，如每天的“签到/签退”程序，或随身携带积分卡去不同的课堂，通过这样的方法实时监测他们的进步，当他们行为良好时给予表扬。这些学生也可以获得针对其行为功能性的个性化评估，以获得更有效的个性化服务。
- 危险或严重的行为可以通过附加惩罚（纪律罚单、离开课堂）和提供更强有力的个人支持来处理。
- 理想状态下，应在班级和学校两个层面定期收集和评估一些简单的数据（如纪律罚单数量），来考察积极行为干预和支持方案的效果。
- 根据需要为教职工提供再培训和咨询。

我们认为，社会与情绪学习同积极行为干预和支持是高度兼容和互补的。事实上，使用社会与情绪学习方案进行有效教学，本身就需要先建立有效的行为管理系统，而且在新一轮的（全班或小组）社会与情绪学习教学开始前，应该总结已有的行为要求和规则。我们参与过许多学校环境下的结构化社会与情绪学习干预项目，根据我们的经验，如果学校已经有一个有效且持续的行为管理系统，那么社会与情绪学习项目会做得更好。在我们最初开发和验证“强健儿童”方案时，有一部分学校就是实施积极行为干预和支持的学校，整体而言，相比一些纪律制度不统一甚至很随意的学校，在这些实施积极行为干预和支持的学校开展社会与情绪学习课程更加顺利。积极行为干预和支持系统能够强化学校社会与情绪学习的成效，反过来，我们也很清晰地看到社会与情绪学习对积极行为干预和支持的积极效应。社会与情绪学习方案的加入有助于促进积极行为干预和支持的技能教学和习得，社会与情绪学习提供的活动和指导教会学生如何理解自己的情绪反应，修正思维过程，解决日常问题，这些内容对积极行为干预和支持所侧重的积极的纪律管理是一种强化。更重要的是，社会与情绪学习工作超越了基本的行为范畴，深入学生的认知、情绪、目标、问题解决能力、心理韧性和人际关系等各个领域，能够扩充积极行为干预和支持工作的影响范围。总之，我们认为社会与情绪学习同积极行为干预和支持是互补的，在各自支持学生的基础上扩大了彼此工作的覆盖面。

社会与情绪学习同积极行为干预和支持具有高度的兼容性和互补性。根据我们的经验，社会与情绪学习方案在有效的积极行为干预和支持系统的支持下会得到更好的结果。

三级预防模型

积极行为干预和支持模型的内核在很大程度上受到预防科学领域研究的影响，更具体地说，是受到预防和治疗疾病的公共卫生方法的影响。近年来，这些方法延伸到教育领域，包括社会与情绪学习。如果读者想了解更多有关学校干预的预防科学研究或公共卫生方法，可以参见其他资源（e.g.，Merrell & Buchanan，2006；OSEP Technical Assistance Center，2008；Walker et al.，1996）。这些干预服务相关的预防科学/公共卫生模型和社会与情绪学习是高度匹配的，因此我们会作简单介绍。

预防和治疗的公共卫生基础模型通常能用一个三层次的三角形来呈现，因此其主要思想称为三级预防模型（three-tiered prevention model）。在这里，整个三角形表示学校环境中的所有学生，其中大部分学生不存在严重问题（三角形底部），有一些学生可能会出现严重问题（三角形中部），一小部分学生正处在严重问题之中（三角形顶部）。在实际工作中，三角形模型的底部大约包括80%的学生，即那些在学校基本没有问题的学生，这一层次称为初级层次（primary level），表示普遍性预防（universal prevention）工作（即针对所有学生的工作）；三角形的中间部分大约包括学校15%的学生，即那些存在一定问题或有一定风险的学生，这一层次称为次级层次（secondary level），表示选择性预防（targeted prevention）工作（即针对一部分学生）；三角形的顶部是非常小的一部分，大约只占一所学校5%的学生，即那些有最强烈需求的学生，这一层次称为第三层次（tertiary level），表示指征性预防（indicated prevention）工作（即只针对那些被标记为有强烈需求的一小部分学生）。还不太理解的读者可以参考图1-2，它显示的就是学生预防角度的公共健康模型。

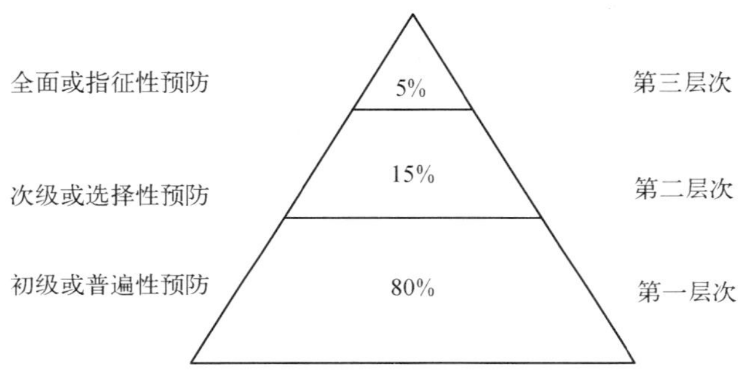

图 1－2　三级预防模型

在许多学校系统中，典型的做法是将大部分心理卫生服务资源集中在那些处于三角形顶部的学生身上，即当前正处于严重的学习和/或社会情绪问题中的学生。从历史上看，学校心理教师等学校专业人员往往把大部分时间和精力都花在这些学生身上，向他们提供个性化的三级预防服务。虽然这些第三层次的学生占学生总数的比例最小，但他们通常需要学校人员投入大部分时间和资源。这种做法很容易理解，因为这些学生的需求最紧迫和强烈，需要大量的支持。即便如此，如果我们仔细总结过去的做法和当前面临的压力，就会看到这种做法只是一种治标不治本的危机干预模式，相应的思维模式存在明显缺陷。试想，位于三角形顶部的有强烈需求的学生数量不会下降，反而很可能增长，同时，在当前的人员配置模式下，能够提供心理健康服务的专业人员通常跟不上学生需求的增长。换言之，我们的工作越来越辛苦，希望能为需求日益增长的学生服务，但只会越来越不能满足学生的需求，能够服务的学生比例也越来越小，最终我们所做的预防工作惠及面变得很小，甚至可以忽略不计。由此可见，应该考虑用更好的方法来提升学生的心理健康和学业成就，而我们认为社会与情绪学习在这一转变中可以发挥重要作用。

社会与情绪学习的一大优点是它跟积极行为干预和支持一样，能够用于三级预防模型中的所有层次：社会与情绪学习可用于学校里的普通课堂，促进所有学生的心理健康和心理韧性；社会与情绪学习可以稍作升级，适用于那些正挣扎在问题边缘，需要多一点关注的学生；社会与情绪学习工作也能进一步升级，有效应用于小部分存在严重问题，需要非常多关注的学生。将学生预防工作转变为一个整体的、系统的预防模式，这需要我们着眼于“大局”，考虑所有学生的需要，而不仅仅是那些正处于严重问题之中的学生。这种观念要求我们把一些资源和精力转移到目前还没有严重问题的学生身上，这样我们就可以帮助他们掌握一些技能，降低他们最终到达三角形顶部的可能性。更具体地说，这些工作是针对目前还没有学习和/或社会行为困难的学生的初级预防，在学校和班级层面展开，包括持续开展有效的社会与情绪学习实践、持续监测实践过程和学生成果，以及促进专业人员培训和专业发展。初级预防的目标是创造良好的学校和课堂环境，促进学生的学习和健康，减少可能出现学习和/或心理健康问题的学生人数。因此，我们认为社会与情绪学习不仅能够对可能出现心理健康问题的高危学生或已经需要心理健康服务的学生提供支持，而且是促进所有学生初级预防的潜在有效途径。

社会与情绪学习的好处：研究如是说

研究表明，科学证据支持学校使用社会与情绪学习。研究发现，社会与情绪学习带来的积极结果涉及三个主要领域，包括学校态度、学校行为和学校表现。

现在，你已经对社会与情绪学习以及它对学生的帮助有一定了解，（但愿）你已经认同社会与情绪学习可以成为课堂工作的重要组成部分。当然，你可能会问："它真的行得通吗？"答案为"是"。但我们不指望你直接接受这个答案，在本节中，我们会总结一些有关学校社会与情绪学习方案有效性的研究，这些研究会给你一个更有说服力的答案，如果你想了解更多相关研究，也能参考本节内容。

在《通过社会与情绪学习实现学业成功：研究怎么说？》（*Building Academic Success on Social and Emotional Learning: What Does the Research Say?*）一书中，津斯等人（Zins et al., 2004）用十二章的篇幅回顾了支持社会与情绪学习的科学证据，为学校社会与情绪学习工作的好处提供了支持。绪论部分整理了整本书的研究结果，并得出结论：有科学证据支持社会与情绪学习引发的各种结果和学生在学校的成功相关。社会与情绪学习的结果能够归结于学生在学校的三个主要方面：学校态度（如社区意识更强、动机更强、应对意识更强、对学校更满意、对行为结果的理解更好）、学校行为（如亲社会行为更多、攻击行为更少、投入度更高、旷课更少、留堂更少、课堂参与更多）和学校表现（如数学、语文和社会课的学业成就更高、测验分数更高、思维策略的层次更高）。

威尔逊等人（Wilson，Gottfredson，& Najaka，2001）进行了一项很有影响力的元分析（即对研究的综合评价）研究，为学校社会与情绪学习实践工作的潜在有效性提供了强有力的支持。他们分析了 165 项针对学校预防项目（包括积极青年发展以及社会与情绪学习）的独立研究，结果发现，研究都显示这些项目有很多积极作用，尤其集中在减少学生犯罪和物质滥用、减少辍学和旷课、增加认知和行为的自我控制、增强社会能力这几个方面。

另一项重要的研究综述来自杜尔拉克和韦尔斯（Durlak & Wells，1997）的工作，他们搜集了 177 个基于学校的预防项目，涉及三类：以环境为中心的项目（如父母培训）、转变支持项目（如离婚支持小组、新手妈妈）和以人为中心的项目（如情感教育、问题解决）。其中，以人为中心的项目可能是和现行的学校社会与情绪学习实践最接近的一类。研究者的结论是，总体而言，预防项目在提升学业成就以及减少内化和外化问题行为方面起到了虽然小但有意义的作用。进一步考察 46 个情感教育项目（即对情感及情感表达的觉察）后，研究者指出，这些项目在提高能力（如自我肯定、沟通技巧）和减少问题行为（如焦虑/抑郁、外化问题行为）方面有稳定的效果。值得一提的是，研究发现尽管情感教育对所有年龄段的学生都能起到一定的积极作用，但收益最大的是 7 岁及以下的儿童。虽然杜尔拉克和韦尔斯的研究主要针对预防项目的效果进而给出整体信息，没有专门关注社会与情绪学习，但这些信息能够清楚地说明，基于学校的预防项目包含和当前社会与情绪学习实践相似的元素，并能对学生产生有意义的积极影响。

上述这两项元分析研究加起来一共涵盖了 300 多个独立的干预研究，它们是大量研究工作的代表，其研究结果展现了惊人的一致性。在这两篇综述文章之后新增的独立研究也得到了相同的结论：学校社会与情绪学习项目对于提升学生学业、社会和情绪相关表现不仅仅停留在承诺上，在兑现这些承诺方面也有坚实的追踪记录。

当前影响社会与情绪学习的立法趋势

学校环境下的社会与情绪学习对儿童青少年的重要性和潜在益处也引起了州和联邦两级政策制定者和其他政府官员的注意。2003 年，伊利诺伊州颁布《2003 年儿童心理健康法案》(2003 Children's Mental Health Act)，并促成伊利诺伊州儿童心理健康合作组织(the Illinois Children's Mental Health Partnership, ICMHP)的建立，成为美国第一个以符合社会与情绪学习理念的方式，有组织且系统性地正式关注儿童青少年心理健康需求的州。根据该法案，伊利诺伊州儿童心理健康合作组织发布了一份蓝皮书，从战略上罗列了该州在儿童心理健康和教育方面有哪些需求，而且为这些需求匹配了相应的行动建议。这份蓝皮书体现了一种全社会协同的工作方向，希望避免学校和社区各自为政的割裂式的精神卫生工作模式。这些工作的主要目标是从确认预防目标、早期干预和治疗资源几个方面为儿童青少年提供从出生到 21 岁的全面精神卫生保健，其中最具突破性和吸引力的一点是，将州内的公立学校系统确定为初级社区资源，儿童青少年能够从中获得社会与情绪教育和支持。伊利诺伊州的立法推动了州内的大量工作，成为其他州的标杆。我们认为，迄今为止这项工作是在推广社会与情绪学习目标方面最有影响力的一项立法和公共政策成果。

2006 年，纽约州颁布了儿童心理健康方面的一项新的重要立法，即《2006 年儿童心理健康法案》(Children's Mental Health Act of 2006；A06931 号法案)。这项法案推动了将社会与情绪学习项目和社会情绪性发展纳入中小学教育，当然也包含其他一些内容。尽管纽约州的这项立法涉及内容很广，目标也很多，但到目前为止在促进该州的社会与情绪学习工作方面起到了积极作用。之后，一些致力于在州儿童心理健康计划的具体行动中推动立法的个人组成了一个全州性的合作组织，并在 2008 年 5 月召开会议，围绕该法案提出五条主旨和建议，其中两条和推动学校社会与情绪学习工作有直接联系：

- 每一项行动都应有助于我们提升能力，进而帮助各个家庭培养情绪健康且心性坚韧的儿童；

- 社会与情绪的发展为儿童在学校和人生中获得成功奠定了基础。

我们了解到，其他州的政策专家和立法人员也一直在考虑新的儿童心理健康相关立法，以推动社会与情绪学习目标的实现，只是目前看来这些工作还在进行之中，还不清楚哪个州会采取下一步行动。伊利诺伊州和纽约州的立法是先驱性的工作，社会与情绪学习的支持者希望这两个州能发挥引领作用，尤其是如果当前这些立法能够带来积极成效，那么在这两个州的推动下，其他州能够引入类似的政策措施。

在联邦立法方面，目前还没有类似州一级的立法举措，但联邦政府的官员和施政者并没有忽视这些问题。美国教育部（the U.S. Department of Education）以及美国卫生和公众服务部（the U.S. Department of Health and Human Services）下属的国家心理健康研究所都资助了跟社会与情绪学习直接相关的研究、培训基金和试点项目，也为教育和心理健康专业人士提供了一定的社会与情绪学习核心宣传和培训资源。近年来，跟社会与情绪学习相关的最受关注的联邦法案是在 2004 年颁布的，当时美国国会通过了《加勒特・李・史密斯纪念法案》（Garrett Lee Smith Memorial Act），该法案主要针对有心理健康问题的年轻人，他们迫切需要预防和干预服务。在患有双相情感障碍和学习障碍的儿子不幸自杀后，俄勒冈州前参议员戈登・史密斯（Gordon Smith）提议这项法案，倡导为中小学和大学学生提供预防、早期干预和治疗服务，特别关注大学校园。该法案促使物质滥用和心理健康服务管理局(Substance Abuse and Mental Health Services Administration)内部建立了一个项目，推动在全州范围内制定适用于社区机构的预防和干预策略。虽然这些工作重点关注自杀问题，这是儿童心理健康问题中最不利的一种结局，但也旨在提高人们对年轻人整体心理健康问题的重视，敦促人们关注促进健康的需求，而且能够使人们认识到将社区应对模式转化为系统有组织的预防和干预工作是非常必要的。

尽管通过立法强制推进社会与情绪学习以及其他儿童心理健康工作不一定是推广这些项目的唯一途径，法律层面的强制不一定都能达到预期的效果，但是这些立法工作可以起到关键作用。我们明确地认识到，精心设计的立法或公共政令(尤其在它们能提供适当的资源和系统支持时)为教育实践带来的影响是其他任何工作都无法比拟的。《残疾人教育法案》(Individuals with Disabilities Education Act)、《美国残疾人法案》(the Americans with Disabilities Act)，以及最近颁布的《不让一个孩子掉队法案》，虽然并不是无懈可击，但已经为全国教育实践带来重大变革。我们希望有一天能看到，有新的、覆盖面更广的政策和立法去鼓励和推动社会与情绪学习工作，这样所有儿童都能在学校从社会与情绪学习中获益。

本章小结

对于提升儿童青少年在学校的各种表现，社会与情绪学习是一种极有前景和富有成效的方法。社会与情绪学习最具吸引力的地方在于其惠及多个领域，对学业成就、情感或情绪发展、问题解决和高阶思维等认知能力、社会互动和行为都有积极影响。本章介绍了社会与情绪学习的一些关键要点，总结如下：

- 尽管在不同的社会乃至整个历史进程中，儿童青少年及其家庭都面临着许多重大挑战，当前或未来社会的复杂性使得这些挑战与日俱增。近期研究表明，在美国所有学龄儿童青少年中，多达20%的人要面对严重的心理健康问题。
- 遗憾的是，仅有一小部分表现出明显的情绪、社会和行为问题的儿童青少年得到适当的预防和干预服务。
- 在因心理健康问题而接受预防和干预服务的儿童中，大部分是在学校获得这些服务的。
- 社会与情绪学习以能力为基础，致力于促进学生在学校环境中积极的社会、情感和认知发展，是一个相对较新的教育概念和工作重点，但是对这些工作的需求一直存在，社会与情绪学习倡议的工作路径也不是完全另起炉灶。
- 社会与情绪学习涵盖许多内容，主要包括自我意识、社会意识、负责地决策、自我管理和关系管理。
- 最近，美国教育和儿童心理健康的重点研究领域包括积极行为干预和支持，以及从公共卫生领域借用的三级预防模型，它们非常适合纳入并支持社会与情绪学习工作。
- 虽然社会与情绪学习这个领域相对较新，但其研究基础广泛且亮眼，表明社会与情绪学习项目不仅有望改善学生在学业、社会性发展、行为调整和自我意识方面的表现，而且效果覆盖了从儿童到青少年的整个年龄段。

- 公共政策制定者、州立法者和精神卫生管理者越来越倾向于在学校推广社会与情绪学习，以此来强化精神卫生工作，有两个州（伊利诺伊州和纽约州）已经率先制定各种政策，推动社会与情绪学习在学校发挥积极作用。

应用场景：一位资深教师的社会与情绪学习尝试

凯瑟琳是一位四年级的教师，在工作岗位上辛勤耕耘了十年，真心为学生付出。她的课堂不是学校里的问题课堂，虽然挤满了近30名学生，但总体算得上秩序井然。

她班里的许多学生面临很多当今社会特有的问题，有些学生甚至碰到一些非常严重的个人和家庭问题。许多学生缺乏一些基本的个人和社会技能，需要帮助，不过如果刚接触这个班级，很难看出学生的这些问题。同时，凯瑟琳也越来越担心，觉得自己的能力可能已无法满足学生复杂的学业和心理健康需求。在凯瑟琳十年的教师生涯中，她注意到有心理健康风险的学生越来越多，虽然她意识到许多学生的需求，也有身为教师的技能和使命，但还是感觉力不从心。

凯瑟琳打算用一些新的工具来支持她的教师工作，而且特别愿意接受培训，了解相关材料，将社会与情绪学习应用到自己的课堂。虽然，目前学校没有引进全校范围的社会与情绪学习工作，缺少系统性的社会与情绪学习支持，她依然愿意尝试，而且很欣喜地发现社会与情绪学习能够无缝契合她日常的课堂教学。凯瑟琳学得很快，开始在课堂上引入一套简单的社会与情绪学习活动、目标和课程，频率为每周一次，在其他没有社会与情绪学习课程的时间里，她也将社会与情绪学习的回顾和支持活动贯穿其中。开始时，她会碰到一些阻碍：课堂上原本就有很多教学要求，将社会与情绪学习融入日常工作需要对每周计划作一些突破性的修改；虽然校长和学校兼职顾问都支持她的社会与情绪学习尝试，但学校环境并没有为她的工作提供外部支持。不过，凯瑟琳目标明确，制定的社会与情绪学习课程简短而系统，涵盖了社会与情绪学习的主要成分，包括情绪教育、社交和人际技能、思维策略、压力和不良情绪应对、问题解决、目标设定、冲突处理以及友谊发展。社会与情绪学习课程很自然地融入她的常规教学，而且她只需要很少的额外准备工作和材料，这点让她非常高兴，在她实施课程两周并熟悉课程运作后，这样的感受更为明显。此外，社会与情绪学习的许多活动还为日常的课业教学提供了练习和支持，涉及阅读、写作、社会研究，甚至数学，这让她喜出望外。

最让她意外的有两方面：一是她的学生可以非常快地接

受所学的概念和技能；二是他们能非常自然地将课堂所学与日常学习和生活联系起来。比如，当学生在游戏活动或午餐时间交流时，社会与情绪学习的社交技能和冲突解决课程，以及在这些课程中引入的独特语言和有趣活动都能用上，之后他们也常常在课堂上分享这些经验，讨论他们如何用所学课程去应对具体的社交问题。凯瑟琳甚至发现，自己也受益于所教的内容，比如用一些缓解压力的活动或改变认知的策略来处理自己生活中碰到的问题。她向同事和学校顾问交流自己的心得，对方表示有兴趣看看她手头的材料和教学策略，以及她在课堂上使用这些材料和策略的情况，最终学校顾问和一位四年级的教师也决定在日常工作中引入社会与情绪学习。

在附近一所大学的实习生的帮助下，凯瑟琳收集了一些基础数据，想要进一步了解自己实施的社会与情绪学习改革以及学生如何从中获益。结果显示，教师和学生都很喜欢社会与情绪学习课程，而且学生对社会与情绪学习策略和概念的了解在实施课程的几周内显著提升。凯瑟琳还注意到，在应对许多问题时，这些知识和技能帮助学生调整和强化自己的处理方法，甚至在她的试验性课程结束2～3个月后，她和学生仍在使用课程中的很多技能、技巧和思想。简而言之，凯瑟琳的经历使她确信，在以后的教学工作中，社会与情绪学习能够且一定会成为她常规使用的方法，她还积极将其推荐给同事。她后来评论道："这些社会与情绪学习活动和课程没有任何坏处，孩子们很喜欢，他们学到很多，而且我能亲眼看到随着时间的推移，他们在人际相处、问题解决、理解自我感受和应对逆境等各方面受益匪浅。我全力支持在教学中引入社会与情绪学习。"

第二章
社会与情绪学习课程：精选项目介绍

本章引言和概述

现在，你会考虑尝试在班级或学校开设社会与情绪学习课程了吧？我们强烈支持你的决定！万事开头难，我们会帮你启动社会与情绪学习工作。本章将聚焦一些结构化的课程包，这些课程旨在帮助学生提高社会与情绪能力，选择这些课程是因为研究证据已经支持它们确实能够有效和积极地帮助学生提高社会与情绪能力。本章会介绍几个被广泛应用的课程项目，告诉你如何选择最适合学生需求的课程，并通过一个详细的案例来解说选择过程。当然，成套的课程包不是唯一的选择，第四章会介绍一些简洁且有针对性的社会与情绪学习策略，它们不是课程包的一部分，但能很容易地融入课程体系。

社会与情绪学习的不同使用方式

实施社会与情绪学习项目前，重要的是对项目想要达成的目标作整体考虑。

第一章曾强调，社会与情绪学习课程应当成为学校课程体系的补充、支持和强化。有些学校和班级已经建立了积极的行为支持系统，社会与情绪学习课程能够加入某些情绪教育课程，提升学生识别自己和他人情绪的能力；有些学校本身可能没有成熟的行为支持系统，或者资源欠缺、理念落后，那么课程方案的实施就意味着大幅度的改革——梳理和重建。现在，无论你的学校或班级是哪种情况，重要的是仔细考虑，实施社会与情绪学习项目要达到哪些主要目标。

选择适合学生需求的社会与情绪学习项目

选择社会与情绪学习项目时作战略性的规划是非常必要的，这能够使项目实施的初始阶段严谨、缜密且具有延续性。

理想状态下，学校要选择适用于整个学生群体的社会与情绪学习项目，这种理想方案要协调不同年级水平，并获得学区层面的持续支持，最终为学生带来更好的结果（参见 Greenberg et al.，2003）。最近，学业、社会与情绪学习合作组织发布了一个完整的指引，帮助学校策略性地、系统地引进社会与情绪学习课程，该指引基于社会与情绪学习项目的最优实践，并根据其最新的表面效度不断修订和调整（CASEL，personal communication，May 27，2009）。该指引肯定还有改进的空间，但是它开创性地为学校提供了一个思维框架，帮助学校梳理社会与情绪学习项目实施的各个阶段，以及方案如何适配学校当前所处的阶段。图 2－1 是我们从学业、社会与情绪学习合作组织的指引中摘取的流程图，详细说明了学校选择和实施社会与情绪学习项目的整个流程。这个流程与很多随意且无效的工作不同，那些工作的开展仅仅基于“我觉得有效”的任性考虑！学业、社会与情绪学习合作组织的指引介绍了社会与情绪学习项目实施中三个循环的重要阶段（准备阶段、计划阶段、实施阶段），把每个阶段细化为子阶段，并就方案的延续性问题给出参考建议。

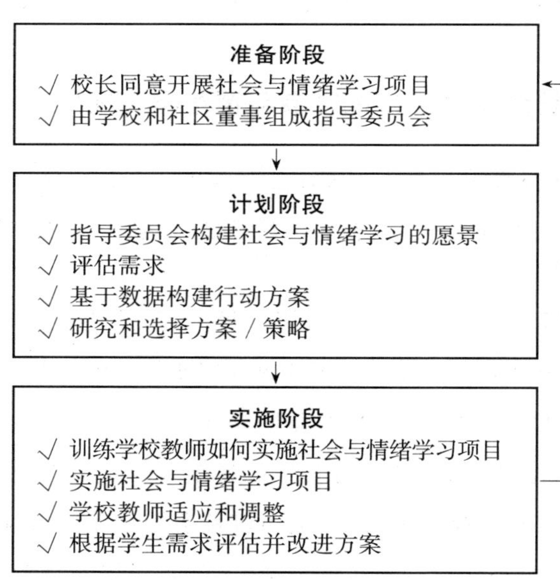

图 2-1　选择和实施社会与情绪学习的流程图

2006 年修订自学业、社会与情绪学习合作组织指引（www.casel.org；指引链接：www.casel.org/downloads/Rubric.pdf），授权使用。（注：学业、社会与情绪学习合作组织在 2009—2010 年开始对概念和图示进行修订，可能会有所变化。学业、社会与情绪学习合作组织并没有收集有关社会与情绪学习实施和持续进展的有效性的实证数据，而是基于其表面效度和最优实践来对其加以改进和发展。）

我们具体讨论一下。当收到一些制作精良的项目宣传手册时，你可能会迫不及待地想要自己尝试，但我们强烈建议你先放下这些手册，作一个项目实施的战略性规划，查阅一下像学业、社会与情绪学习合作组织的指引这样的评估框架。希望你在选择项目时就已经使用了指引，使用经过验证的社会与情绪学习项目能让你充满干劲且底气十足，带着这样的感觉坚持作好战略规划，可以让你的学生最大限度地从项目中获益。在社会与情绪学习项目评估工作表中，你可以在选择具体的社会与情绪学习项目前先了解一下整个战略规划过程，它能帮你确认每个项目的关键特点，这样你可以思考和分析这些项目是否满足你所在学校的系统和学生的需求。

应用场景：启动社会与情绪学习项目

下面，我们用一个场景来帮你深入思考实施社会与情绪学习项目的整个过程，包括考虑你的学生和学校的需求，以及学生能够提升并应用社会与情绪能力的目标。这个应用场景通过学业、社会与情绪学习合作组织的指引来帮助实施社会与情绪学习项目，将其应用于一个假想的案例。在这个案例中，一位学校心理教师打算在学校实施社会与情绪学习课程，需要确认一些需求，而且需要外部支持来启动这项工作。我们希望你在阅读这部分内容的同时，思考一下你为学生设定了哪些目标，以及在你目前的规划中社会与情绪学习的状态。你可以把自己的想法记下来并加以梳理，比如你打算怎样实现这些目标，以及如何向同事呈现你的想法和抱负。

场景

一位学校心理教师参加了一个社会与情绪学习全国学术会议的工作坊后，将新的社会与情绪学习项目推荐给学校同事。这位心理教师原本就对社会与情绪学习很感兴趣，她投入大量精力去提升小学生的社会和情绪幸福感，因为她知道这不仅对孩子们有很大的好处，而且如果把社会与情绪学习引入课堂活动，经过多年的尝试，她确信能够有效减少问题学生，从而减轻她在特殊教育或特别评估上的工作量，能有更多时间规划和实施预防工作。她觉得这些都是可以实现的，学生可以掌握一些技巧去应对日常生活中碰到的问题，学校在尝到积极行为干预和支持成功的甜头后，会百分之百地支持这个新项目，现在的问题是：如何开始这项工作？

查阅学业、社会与情绪学习合作组织发布的社会与情绪学习项目实施指引后，她意识到需要考虑三个阶段（准备阶段、计划阶段、实施阶段）的工作并作好相应准备，仔细阅读相关信息后，她列出了如下计划项目。

学业、社会与情绪学习合作组织指引阶段 1：准备阶段

这一阶段包含如下步骤：

1. 学校校长理解社会与情绪学习并不是一次性的项目，而是一个思维和行动框架，校长同意在课堂教学中引入社会与情绪学习课程，而且愿意提供持续支持。

心理教师反思："我已经和校长就这些问题进行长谈，她非常支持，并希望我主导整个实施过程。"

2. 校长组建指导委员会以领导社会与情绪学习的实施，指导委员会由学校和社区的主要董事构成。

心理教师反思："我认为很多学校教师和社区成员都有意改善学生的社会与情绪发展，但不确定他们是否意识到这个战略规划的重要性。我要和校长谈谈，看看哪些人愿意加入这个指导委员会，我需要一些额外的时间和支持来做这个事情。"

社会与情绪学习的准备阶段必须有学校和周边社区的关键人员参与，这样有助于提供双向的视角和支持。

学业、社会与情绪学习合作组织指引阶段 2：计划阶段

这一阶段包含如下步骤：

1. 和指导委员会一起在学校整体规划中开发和构建社会与情绪学习项目。

心理教师反思："这对教师来说可能是一个挑战，我们可能会产生分歧，比如是学业第一还是行为规范第一，或者如何利用有限的课余时间。我要和校长谈一谈应该如何处理这些分

歧，避免出现僵持不下的情况。”

2. 作一个需求评估，将现有的社会与情绪学习项目和学校现状进行对比，包括学校和州政府的政策情况，学生和教师对社会与情绪发展及项目实施有哪些需求，学校当前的氛围和学校师生对社会与情绪学习的理解和评价，以及执行过程中可能出现的任何阻碍。

心理教师反思：“虽然需要做很多工作，但这确实非常重要。如果有些州政府的政策我们没有充分执行，就要加快进程，这可能会带来一定的压力；如果我们的教师不熟悉社会与情绪学习，又感受到课业评估的巨大压力，就可能对实施社会与情绪学习产生抵触。不过，我们的教师都很关心学生，担心他们在面对社会和家庭的各种压力时应对能力不足，所以我想我们可以讨论出一些解决办法。不管这个需求评估的结果怎样，我都要找相关人员咨询一下，看看过去的评估是怎么做的，能不能得到一些支持。”

3. 基于需求评估制定一个行动计划。

心理教师反思：“可能要半年到一年的时间才能到这一步，但整个计划过程要严谨、缜密。我认为，行动计划应该聚焦于我们的工作，而且要特别注意一些可能的问题和阻碍，虽然现在无法预测所有的问题和阻碍，但如果有比较充分的考虑，就会比较安心。”

4. 考察现有的经研究验证的社会与情绪学习项目，选择最有希望匹配我们的预期目标的项目。

心理教师反思："这一步是我参加社会与情绪学习工作坊时最感兴趣的，选择合适的项目是学业、社会与情绪学习合作组织指引的中心环节。在准备和计划阶段之后，我相信指导委员会选出的项目能够符合我们的需求，我迫不及待地想要开始了！"

学业、社会与情绪学习合作组织指引阶段3：实施阶段

这一阶段包含如下步骤：

1. 对学校教师进行项目介绍和培训。

心理教师反思："我觉得应该在某个新学年开始时找一个工作日来开展这个培训，我要和校长以及指导委员会讨论一下这样是否可行。希望在新学年开始时，每个教师都准备好实施这个计划，而且了解这个项目的优势所在。"

2. 在课堂上实施社会与情绪学习项目。

心理教师反思："我会在教师实施项目的时候提供帮助，教师也可以对项目进展作一些记录，特别是需要支持的地方。"

3. 教师开始适应项目，作出改变，并感到满意。学校教师开始把项目内容整合进学校活动中，学生也开始习惯使用社会与情绪学习的概念和语言。

心理教师反思："指导委员会在这个节点上应该多支持教师，在这个阶段，社会与情绪学习项目很可能因为一些意外和阻碍而

出现水土不服的情况，我会在下次会议上提醒大家注意这些问题。”

4. 检查项目的规划和实施情况，决定是否需要作出修改。

心理教师反思：“我们需要定期召开会议，处理一些可能阻碍工作的问题，也要考察学生进展的相关监测数据。社会与情绪学习项目不是一劳永逸的，我们的学校和学区每年都会发生变化（如资金削减、人事变动、州和联邦立法），这些变化都可能影响社会与情绪学习的实施效果，以及学生的社会和情绪发展状况。”

这个场景只是社会与情绪学习实践的一个例子，希望这个例子能帮你在选择社会与情绪学习项目和策略前对各方面问题有更全面和深入的思考。当然，如果你可以跟学校同事讨论他们的社会与情绪学习项目实施工作，以及他们在实施过程中遇到障碍时有哪些有效的应对策略，那么会有更大的帮助，甚至你也许还希望和一些社会与情绪学习工作的专家或顾问合作。《社区心理学家》（*The Community Psychologist*）期刊上发表了一篇很有趣的文章（Smith, McQuillin, & Shapiro, 2008），介绍了一个课余项目的实施过程，这个项目由大学、社区和中小学校合作开展，文章作者讲到，虽然他们作了战略规划，但因为项目的实际实施效果不理想，所以各方参与者的热情都有所减退。我们认为，这篇文章介绍这个案例最主要是想说，实施计划时需要考虑情境因素的重要性（如校方的关注点、社区压力、个体价值观），问题出现时要灵活变通，创造性地解决问题，同时也要坚持最初规划社会与情绪学习项目的目标，始终监控项目的效果。

使用经研究验证的社会与情绪学习课程包的优势

有很多社会与情绪学习项目可供选择，这部分内容将对此进行讨论，并介绍一些已经整合、推广并作为商品销售的成套课程包。当然，学校可能想选择一些简易的社会与情绪学习策略，希望这些策略能迅速简便地融入已有的学科课程，第四章将介绍一些这样的策略。这里，我们先来看看成熟的课程包有哪些优势。

随便打开一本售卖教育和心理课程的目录，你能看到针对各年龄段的各种社会与情绪发展课程。笔者（芭芭拉·A.居尔德纳）在选择一些工作相关的书籍时，有时候也需要反复查看目录，因为可选的书特别多，很多书看起来都对笔者的临床工作有帮助。（顺便说一句，很高兴你选择了本书，这是个很棒的决定！）许多成套的课程包有一个很重要的优势，即它们通常（即便不是全部）都经过了有效性和可行性检验——项目试行一轮后收集的数据显示，项目效果良好，参与试验的专业人员也表示满意。这里，我们说“通常经过了检验”，因为在市场经济的社会中，并不是所有项目都有强有力的研究数据作为支持。相比于其他项目，下面介绍的社会与情绪学习项目都有研究数据支持，这也是我们选择这些项目的原因之一。那么，我们说的有效性到底是什么呢？举例来说，某个社会与情绪学习项目主要聚焦于认知行为治疗技术，而且不断有研究证明，认知行为疗法（cognitive-behavioral therapy, CBT）在治疗成人和儿童的抑郁或焦虑方面有效（Merrell, 2008a），那么这些策略包含在学校社会与情绪学习项目中，用以缓解学生的抑郁和焦虑状况，应该也是有效的。随后，将这个项目引入学校，继续开展研究，研究数据也支持它是有效的。由此可见，学校都希望选择有效性得到验证的项目，如果选择的项目有效性证据不足，通常就会浪费时间和资源，也可能带来风险。要想实现学生的社会与情绪发展相关目标，辨别并采用有可靠数据支持的项目是一条捷径。

相较于仅仅把各种概念和活动拼凑到一起，成套的社会与情绪学习课程包有更多优势，这些课程包通常是针对某一特定领域而设计的，经过实践检验，且基于有效的理论框架和教学技巧而建立。

在考察社会与情绪学习项目的相关研究证据时，有一点我们可能会忽略，即这些研究是在严格控制条件下进行的实验室研究，还是在课堂等现实环境中采用典型方法进行的现场研究。这两种研究证据并没有好坏之分，最好能同时考虑。我们要强调的是，有些项目即使在实验室研究或者高度控制的现场研究中有效，在现实的、复杂的学校环境中也不一定有效，不管一个项目得到多少研究支持，都不能保证它一定对你的学校有效（关于这两类研究的详细讨论参见 Merrell & Buchanan, 2006）。所以，在选择项目时，考虑各种条件下的有效性研究证据是一个好的起点，但还是要考虑你打算在什么特定的条件下使用这个项目。

我们看到，许多教师在课堂中使用社会与情绪学习策略时有一个问题，即从各种途径获取材料并将其堆在一起，一股脑儿地用在学生身上，看哪些有效，效果怎么样。通常，这些材料确实会有一定效果，而且有些材料非常好。诚然，这样的做法在某些情况下是最优的，不一定非要课程包不可。但我们还是想强调课程包的优势：在设计课程包的材料时会考虑内容间的逻辑关联，尽量减少教师的准备时间，很多具体方法都经过研究检验。我们知道，在课堂上开展新课程的学习通常有一个学习曲线，学生有一个适应过程，会碰到困难和问题，而经过研究的项目往往都已经考虑这些问题并加以处理。我们再次提醒你使用工作表 2 - 1 的社会与情绪学习项目评估工作表，你可以使用表中列出的要点，结合学生需求和学校现状，评估特定的社会与情绪学习项目。

学校教师通常根据特定的社会与情绪学习需求来选择社会与情绪学习项目，而社会与情绪学习需求最好也要经过专业评估。成套课程包的设计通常都有确定的目标和专业化的技能组合，比如共情教育、问题解决技巧、情绪教育和调节、压力管理。这些方案都由专业研究者开发设计，他们在学生发展、适应不良、心理韧性等专业领域有深入的了解和研究，而且把这些理论和概念与实际教学策略结合，对学生产生积极影响。许多课程包都开始越来越多地关注教学策略的有效性，将有效的教学策略和社会与情绪学习概念结合，能更好地发挥社会与情绪学习项目在学校环境中的作用。

表 2－1　精选社会与情绪学习项目

名　称	目标领域	年龄群体	内　　容	参　考　文　献
关爱的学校社区	学校氛围	学前班至六年级	● 通过班会来讨论课堂行为和规则。 ● 跨年龄配对，建立友谊和信任。 ● 告知家长学校组织的相关活动，并鼓励家长积极参与。 ● 学校、家庭、社区三方参与的全校性非竞争活动。 ● 可选社会与情绪学习课程：融入文学和数学课堂。	www.devstu.org/csc/videos/index.shtml Solomon，Battistich，Watson，Schaps，& Lewis（2000）
我能解决问题	暴力预防	幼儿园至六年级	● 通过成对词语引导学生思考和对比观点。 ● 辨别情绪，学会倾听，给予关注。 ● 寻找多种方案解决问题。	Shure（1992a）
促进多角度思维策略	情绪意识自我控制，人际关系问题处理，同伴关系	学前班至六年级	30～45 节课，主要内容： ● 辨别情绪 ● 深呼吸放松 ● 观点采择 ● 学习技能	www.prevention.psu.edu/projects/PATHS.html Conduct Problems Prevention Research Group（1999）； Greenberg & Kusche（1998a，1998b）

续　表

名　称	目标领域	年龄群体	内　　容	参　考　文　献
培养健康儿童	训练教师在课堂上促进学生健康的社会和情绪发展	一年级至二年级	● 课堂管理 ● 社会情绪技能 ● 积极参与 ● 阅读策略 ● 激励策略	depts.washington.edu/sdrg Catalano, Mazza, Harachi, Abbott, & Haggerty (2003)
安全和关爱的学校	亲社会技能，提升学业能力	幼儿园至八年级	● 自我意识 ● 社会技能 ● 负责地决策	www.researchpress.com/product/item/8331/ www.safeandcaringschools.com/
第二步：暴力预防课程	教授亲社会行为，以降低参与破坏性行为的风险	幼儿园至九年级	● 共情教育 ● 针对冲动控制的问题解决 ● 情绪调节	www.cfchildren.org/programs/ssp/overview/ Grossman et al. (1997)

续 表

名 称	目标领域	年龄群体	内 容	参 考 文 献
社会决策/社会问题解决	亲社会决策技能	学前班至八年级	直接指导并练习 FIG TESPN： ● 辨别情绪 ● 发现问题 ● 设定目标 ● 思考解决方案 ● 预判结果 ● 选择最佳方案 ● 计划方案/尝试方案 ● 观察结果	www.ubhcisweb.org/sdm Elias and Bruene Butler（2005）
思考、感受、行动	情感教育	一年级至十二年级	● 使用理性情绪疗法去辨别情绪，改变非理性思维和负面结果 ● 基于活动的教学	www.researchpress.com/product/item/5271
强健儿童：社会与情绪学习课程	通过直接指导促进社会和情绪健康	幼儿园至十二年级	● 情绪觉察 ● 愤怒管理策略 ● 发现并改正思维错误 ● 压力应对 ● 目标设定	strongkids.uoregon.edu/ Merrell，Carrizales，Feuerborn，Gueldner，&Tran（2007a，2007b，2007c）

教育工作者认同，为了最大限度地发挥社会与情绪学习对学生社会与情绪功能的长期影响，社会与情绪学习项目最好贯穿学生的整个学习生涯，许多社会与情绪学习项目的开发者都考虑将项目拓展到整个义务教育阶段。我们和俄勒冈大学的同事在开发强健儿童项目时也考虑了这一点，如果在孩子的整个学习生涯（从幼儿园到高中毕业）中持续进行社会与情绪学习指导，他们实现健康发展的可能性无疑是最大的。我们也非常希望社区—家庭—班级三方合作的社会与情绪学习项目能够覆盖0～3岁的儿童，将家庭和托幼机构的指导与学校的预防和干预工作衔接起来。为什么不从一开始就给我们的孩子最好的社会和情绪发展教育呢？

选择社会与情绪学习项目

这部分内容将展示一些使用和研究最广泛的学校社会与情绪学习项目。当然，这些项目不能代表市场上现有的全部社会与情绪学习项目。我们选择这些项目是因为，它们聚焦于学校环境下的社会与情绪学习工作，都在课堂上用于促进学生的发展，而且有研究数据证明其有效性。表2-1列出了这些项目。你可能注意到，这些项目都适用于一般的课堂教学环境，而且基本上聚焦于孩子从幼儿园到六年级的社会和情绪发展问题。虽然我们知道，在普通课堂上，有些学生已经确认存在社会和情绪问题，可能对他们的日常社会功能造成不良影响（如特殊恐惧症、严重抑郁等），但下列项目不针对此类学生。下列项目旨在帮助所有学生，当然也包括高危学生。

关爱的学校社区

关爱的学校社区（caring school community）项目的前身是儿童发展计划（Child Development Project；参见 www.devstu.org/csc/videos/index.shtml），针对学前班到小学六年级学生，由发展研究中心（Developmental Studies Center）的研究者开发。发展研究中心是一个非营利组织，致力于发展儿童的学业、伦理和社会技能。该项目的核心是通过培养友谊、承担责任、学会尊重来塑造一个健康和积极的校园环境。该项目包含以下内容：（1）通过班会来讨论课堂行为和规则；（2）跨年龄配对，建立友谊和信任；（3）告知家长学校组织的相关活动，并鼓励家长积极参与；（4）学校、家庭、社区三方参与的全校性非竞争活动。相关材料包括：（1）针对每个主题设计课程，并配备教师指导手册（Teacher's Guide）（学前班到一年级 30 节课，二年级到六年级 35 节课）；（2）校长领导工作手册（Principal's Leadership Guide），包含教师指导手册；（3）跨年龄小伙伴（Cross-Age Buddies）手册，包含 40 个活动，供孩子们与其他年龄的小朋友互动；（4）家庭活动（Homeside Activity）手册，家长参与学校活动，并帮助学生在家里进一步强化在学校所学的技能；（5）学校社区建设指导手册（School Community-Building Guide），里面的活动有助于建立一个互助、包容和负责的学校环境；（6）可选朗读库（Optional Read-Aloud Library），针对孩子们遇到的伦理和社会问题，选用一些解读相关问题的文学作品。上述材料的相关内容会在一个学年内由教师在课堂上教授。

过去 20 年的研究显示，参与这个项目的学生会有更强的成就动机，更喜欢学校生活，处理冲突的能力更强，共情和利他程度更高。在一项研究（Solomon，Battistich，Watson，Schaps，& Lewis，2000）中，与对照组学生比较，参与项目的学生自我报告更少的酒精和大麻使用，教师也报告这些学生有更多的亲社会和问题解决行为。

总的来说，关爱的学校社区项目是以社区环境为导向来发展学生的社会与情绪技能的学校项目，重视家庭参与，因而在材料中包含相关内容，而且针对各个年级的学生设计了一学年的全面活动指导。截至目前，研究数据令人振奋，项目确有成效且效果能持续到六年级以后，对不同人口背景的社区都有效。

我能解决问题

我能解决问题（I Can Problem Solve，ICPS；Shure，1992a）是一个针对人际问题解决技能的预防项目，目标是预防反社会行为。我能解决问题项目有三个版本，分别针对幼儿园儿童（59 节课）、学前班和小学低年级学生（83 节课），以及小学中年级学生（77 节课）。这个项目的课程数量很多，意味着在一个学年的教学中会经常用到它，而且包含许多不同的主题。这些课程可以融入课业活动（如阅读），每节课会提供教案，包括讲故事、游戏、角色扮演、玩偶扮演等活动，以及如何突出教学重点。学生通过角色扮演来学习问题解决技巧，随后教师引导他们在一整天都用这些技巧来处理典型情境。学生尝试自己寻找解决方案，思考每种可能的方案带来的结果及其对目标造成的阻碍。

研究结果显示，参加过这个项目的学生会减少自己的冲动和违规行为，并增加亲社会行为，如关心和分享（参见综述 Shure & Glaser, 2001）。如果使用者想要收集数据来追踪项目效果（我们强烈建议这么做），那么有很多方式可以用来评估我能解决问题项目的效果，学校心理教师也可以用这些方式来追踪学生的进步。例如，学龄前人际关系问题解决测验（Preschool Interpersonal Problem-Solving Test; Shure, 1992b）可以测量学龄前儿童的问题解决能力，接下来会发生什么游戏（What Happens Next Game; Shure, 1990）可以测量儿童在面对问题时能否生成解决方案。

研究证明，我能解决问题项目能有效提升人际能力，减少不良的外化行为（如冲动）。多门课程从学龄前阶段延伸到小学中年级，而且可以配合评估学生的进步。此项目的独特之处是，使用了多样化的教学手段，包括玩偶扮演等视觉辅助，以及实际情境中的角色扮演。

促进多角度思维策略

促进多角度思维策略（Promoting Alternative Thinking Strategies, PATHS）是由宾夕法尼亚大学预防研究中心（Prevention Research Center）的研究者开发的一个预防项目（Kusche & Greenberg, 1994）。这个项目主要用于提高小学生的社会能力，包括自我控制、人际关系和情绪觉察。促进多角度思维策略项目一学年有30～45节课，学生可以在这些课程中学习并练习辨别情绪、用于放松的呼吸技巧和观点采择，也有与课业相关的技能，如组织和学习技能、注意力维持、目标设定。含有课程信息的信件也会送到学生家中，这样家长可以在家里帮孩子练习这些技能，从而使这些概念和技能在不同情境中得到应用。最近新开发了针对学龄前儿童的促进多角度思维策略课程，能够帮助儿童觉察和认识自己的情绪，提升情绪能力。

研究证明，促进多角度思维策略项目对普通教育和特殊教育儿童都有积极效果，对听力障碍儿童同样有效。对于普通教育学生，该项目可以在整个学年供所有学生使用。一些评估性研究考察了不同种族群体的学生，证明该项目适用于多元文化背景的学校（相关研究参见 Greenberg & Kusche，1998b；Greenberg，Kusche，Cook，& Quamma，1995）。具体的积极效果包括对社会和情绪情境有更好的理解，有更多策略去应对冲突，抗挫折能力增强，悲伤和破坏性行为减少。促进多角度思维策略被实证项目国家名录（National Registry of Evidence-Based Programs）评为“模范项目”，还获得许多其他奖项（如由学校安全与毒品预防办公室、疾病控制与预防中心等机构颁发的奖项）。该项目还提供培训和现场咨询服务，帮助教师实施项目。

促进多角度思维策略项目在提升学龄前儿童和小学生的情绪和社会觉察能力的有效性上得到研究数据强有力的支持。这个项目特别重视学生的情绪素养和情绪调节，对不同文化背景、能力和社会经济地位的学生都有效果。

培养健康儿童

培养健康儿童（Raising Healthy Children）是针对小学一二年级学生的多方面培养项目，由华盛顿大学社会发展研究中心团队（Social Development Research Group）开发。这个项目的研究从1993 年开始追踪一批学生，从小学一二年级到高中毕业，整个研究不仅记录学生的成长情况，而且持续地向教师、学生和家长提供指导和支持。项目通过教师发展活动对教师进行培训，帮助他们在日常的课堂活动中融入社会与情绪学习理念，促进学生的情绪与社会技能，进而减少学生在青少年时期的问题行为，培养心理韧性（Catalano，Mazza，Harachi，Abbott，& Haggerty，2003）。该项目共有 8 个社会与情绪学习教学单元，每个单元有 1 个月的时间教学（约 45 分钟授课，剩余时间通过小活动进行每日练习）。教师还会额外指导学生的阅读技能，确保他们掌握基本的能力，还有针对课堂行为（如听课技能）的指导。通过家长群组和家庭服务向家长提供支持，以此帮助家长了解学校教育流程。

研究考察了该项目对学校归属感、学业表现、反社会行为和社会能力等多方面结果的影响（完整的参考文献参见 depts.washington.edu/sdrg）。举例来说，接受社会与情绪学习课程教学的学生会对学校和家庭有更积极的情感、停学和开除处分更少、社会交往更多、适龄行为更多。这些研究证据让我们更好地了解到，弹性和生态的课堂特点，以及学校向家庭的延伸和对家庭的支持，能够对学生的社会、情绪和学业发展产生巨大影响。

如果你想获得这个项目的更多信息和材料，可以直接联系华盛顿大学社会发展研究中心。这个项目通过教师培训和课堂指导，成功培养学生在学校和家中的亲社会行为，同时提高学生的学业成就。

安全和关爱的学校：学校技能与生活技能

安全和关爱的学校：学校技能与生活技能（Safe and Caring Schools：Skills for School，Skills for Life）项目由彼得森（Petersen，2005）开发，已由研究出版社（Research Press）出版。此项目适用于幼儿园儿童到八年级学生，按照四个年龄段（幼儿园到学前班、一年级至二年级、三年级至五年级、六年级至八年级）分别设计指导和活动手册。将社会与情绪学习理念融入日常的课堂活动，旨在对课堂环境和师生互动产生积极影响，提升亲社会技能进而减少问题行为，培养个性。此项目提供课程计划、每月活动主题，以及与文学作品相关的社会与情绪学习材料，还配有光盘电子资源，项目手册包含很多活动和单元，可供教师在一整个学年使用。比如，11月的推荐主题是“我的支持系统”，高年级版本的课程包含五个部分（主题一览、你在想些什么、扩展活动、活动指导、活动电子材料）和八个独立活动的电子材料。

尽管此项目的出版方在推广时说该项目具有研究基础，但我们通过搜索引擎和出版商网站目录等途径都没有找到相关研究。

因此，更准确地说这个项目基于一些基本原理，而不是实证研究。此项目的优点包括：对一学年的活动作了细致排序，针对不同年龄段的学生设计了不同版本。虽然这个项目的有效性需要进一步验证，但它确实有一些有趣和吸引人的地方，而且其中的很多活动可以很容易地融入课堂。

第二步：暴力预防课程

第二步：暴力预防课程(Second Step：A Violence Prevention Curriculum)针对幼儿园到九年级学生，帮助他们提升主要的社会能力，以减少学生的外化问题行为，如身体或语言侵犯行为。这个项目由儿童委员会(Committee for Children，1989)发布，已经获得多个奖项，包括美国教育部的安全、守纪、无毒品学校评选(2001)、美国司法部的青少年司法和犯罪预防办公室颁发的奖项(2003)等。目前，该项目是使用最广泛的社会与情绪学习干预项目之一。笔者工作或合作的很多学校都采用这个项目，将其作为日常课程的一部分，自然地融入学科课程，成为小学生课堂体验的一部分。事实上，这个项目已经被美国和其他国家的学校广泛接受。项目内容涉及三个主要方面：共情教育、问题解决和情绪管理。对幼儿园到小学阶段的学生，每个单元会使用很大的图画卡片，课程内容则在卡片的反面，课程材料还包括适用于学生和家长的视频，以及帮助学生使用技能的海报。对于初中和高中学生，课程内容和小学版本类似，呈现方式则以投影和视频为主，通过讨论和活动来复习学过的概念。儿童委员会提供项目支持，包括电子信息推送、咨询支持和培训。

在过去的20年里，第二步：暴力预防课程项目已经得到研究的充分评估，能有效提升亲社会技能和减少侵犯行为[参见格罗斯曼等人（Grossman et al.，1997）的随机控制实验，也可以参考www.cfchildren.org/programs/ssp/research/上精选的文献]。比如，有研究考察了学生在观点采择和问题解决等技能上的提升，发现参加第二步：暴力预防课程学习后，中学生的社会侵犯行为（如造谣、辱骂或孤立等）有所减少，没有参加课程的学生则没有类似的改善，甚至在有些情况下行为有所恶化。

第二步：暴力预防课程项目的实施效果已经有20年的追踪记录，能有效提升小学生和中学生重要的社会技能和情绪技能。它作为一个可行的方案在学校日常教学中实施，被学校教师广泛接受，而且已经获得许多奖项。如果你考虑采用该项目，儿童委员会的网站为你提供了丰富的信息作为参考，你也可以和其他已经实施该项目的学区教师交流、讨论。

社会决策/社会问题解决

社会决策/社会问题解决（Social Decision Making/Social Problem Solving，SDM/SPS）项目由一位校长兼心理学家开发，目标是帮助学生在社会问题解决方面获得系统的指导（Elias & Bruene Butler，2005）。教师在课堂上教授问题解决技能，辅以案例分析，并在学校日常生活中提供实践机会。社会决策/社会问题解决被美国教育部认定为模范项目并得到新泽西医科和牙科大学（University of Medicine and Dentistry of New Jersey）的支持。该项目针对学前班到八年级的学生，包括普通教育和特殊教育的学生，能够融入不同学科领域，很容易在日常教学中应用。课程涉及三个领域：自我控制和社会觉察、社会决策八步法策略，以及将课程内容应用于学业和日常生活问题。其中，八步法策略有个口诀“FIG TESPN”，分别代表：（1）辨别情绪（identify Feelings）；（2）发现问题（Identify the problem）；（3）设定目标（Goal setting）；（4）思考解决方案（Think of solutions）；（5）预判结果（Envision consequences）；（6）选择最佳方案（Select the best solution）；（7）计划方案/尝试方案（Plan it/try it）；（8）观察结果（Notice what happens）。这个项目的核心是通过“过度学习”课程重点，帮助学生在面对各种各样的情境时能顺利应对、融会贯通。

社会决策/社会问题解决有令人信服的支持证据（参见 Elias, Gara, Schuyler, Branden-Muller, & Sayette, 1991）。经过训练，教师能够更好地指导学生完成问题解决的过程，学生能够更好地理解行为后果，理解并体贴其他同学的情感，提升人际问题乃至一般问题的解决能力，这些能力也会延伸到校园之外的情境。早期接受过相关学习的高中学生会表现出更多的亲社会行为和更少的反社会行为，在一般社会交往方面遇到的困难更少，说明项目的积极效果随着时间的推移能够得以保持。

广泛应用的社会决策/社会问题解决项目在短时间和长时间

内都有积极的效果，而且效果能延伸到不同情境。该项目聚焦于社会问题解决、过度学习概念和问题解决策略，可以很容易地融入各年级的日常教学。想了解该项目的更多信息，可以浏览 www.ubhcisweb.org/sdm/，上面有项目实施的有用建议、培训支持和研究参考文献。

思考、感受、行动：为孩子准备的情感教育课程

思考、感受、行动：为孩子准备的情感教育课程（Thinking，Feeling，Behaving：An Emotional Education Curriculum for Children；Vernon，2006）基于理性情绪疗法的理念，强调辨别情绪、挑战思维和信念、观察行为结果（最好能朝着积极的方向改变）。这个项目在 2006 年对初始版本（1989）进行了修订，面向一年级到十二年级的学生（更多信息可以浏览 www.researchpress.com/product/item/5271）。其中，一年级到六年级课程、七年级到十二年级课程各包含 105 个活动，另外有 35 个活动针对特定的年级而设计，比如三年级有 35 个适合此年龄段学生的活动。活动内容分为五个方面：自我接纳、情感、信念和行为、问题解决和决策、人际关系。课程通过活动阐释内容，并借助工作表和问题讨论进一步加深对概念的思考和理解，课程也非常鼓励参与和讨论实际生活情境，以便将课程所学拓展到日常生活中去。

多篇期刊论文和书籍章节介绍了该项目，并给予了积极评价，这些文章讨论对小学生使用理性情绪行为疗法，并认为该疗法会带来有益的结果，而思考、感受、行动：为孩子准备的情感教育课程项目是在该疗法的框架下设计的。不仅如此，对思考、感受、行动：为孩子准备的情感教育课程项目的直接研究也支持其有效性，比如在一项研究（Donegan & Rust，1998）中，该项目能够提升二年级学生的自我概念。因此，可以说该项目是建立在牢固的理论基础之上的，而且获得了研究证据的支持。

思考、感受、行动：为孩子准备的情感教育课程项目的优势在于：它有良好的理论基础（其他社会与情绪学习项目都不是以理性情绪行为疗法为理论基础），在学校得到长期应用，有大量适合学生参与的活动。如果教师和心理健康专业人员使用理性情绪行为疗法进行干预，或者希望在社会与情绪学习活动中纳入该方法，那么这个项目是很好的选择。

深入了解社会与情绪学习：强健儿童系列课程

在简要介绍了一些使用广泛且很有前景的社会与情绪学习项目后，接下来详细介绍一个社会与情绪学习项目，细致展现如何实际使用这些项目。强健儿童：社会与情绪学习课程（Strong Kids：A Social and Emotional Learning Curriculum）项目（以下简称“强健儿童项目”）是一个以能力为基础的项目，包含 10～12 节课程（取决于孩子的发展水平），笔者和俄勒冈大学的同事一起开发了这个项目，我们认为社会情绪和心理韧性等技能是能够在学校学习的，和其他学业技能一样，需要外部指导（更多信息可以浏览 strongkids.uoregon.edu）。依据教学设计原理（如启发已学知识、提供练习机会），强健儿童项目依据考恩（Cowen，1994）提出的五条达到心理康健的路径设计课程主题。五条路径包括：（1）形成健全的早期依恋；（2）发展适龄能力；（3）处于有益康健的环境中；（4）对自己的命运具有控制感；（5）有效应对压力。与前面介绍的项目不同，强健儿童项目的整体时间不长，也不是为了解决在学校发生的所有社会和情绪问题（如校园暴力和反社会行为），它是一个非常简洁且易于使用的项目，专门提升学生的社会与情绪能力以及心理韧性，帮助学生应对内化问题（如抑郁、焦虑、社会退缩和躯体问题）。

强健儿童系列课程最初的设想是针对三年级到八年级的学生，然而随着学生需求的增加，我们考虑在保证可行性和严谨性的前提下，将课程扩展到所有年龄段的学生，下至幼儿园到小学二年级，上至高中阶段。因此，现在强健儿童系列课程有五个针对各年级的版本：强健开始：幼儿园（Merrell，Whitcomb，& Parisi，2009）、强健开始：学前班到二年级（Merrell，Parisi，& Whitcomb，2007）、强健儿童：三年级到五年级（Merrell，Carrizales，Feuerborn，Gueldner，& Tran，2007a）、强健儿童：六年级到八年级（Merrell，Carrizales，Feuerborn，Gueldner，& Tran，2007b）、强健青少年：九年级到十二年级（Merrell，Carrizales，Feuerborn，Gueldner，& Tran，2007c）。每个版本包含 10～12 节课程（低龄儿童的课程更少），聚焦于社会与情绪学习相关概念、心理韧性培养、自我优势的寻找和开发、目标设定和一般应对技能。这个项目特别关注那些有助于解决内化问题的技能，包括情绪辨认、行为激活、压力和焦虑管理、社会问题解决和愤怒管理、认知重构。课程适用于日常教学，可以自然地整合到课业学习中，如语文课、健康课和社会研究课。

强健开始系列包含 10 节课，强健儿童和强健青少年系列包含 12 节课。每节课的教案形式相同：课程目标、所需教学材料、复习先前学过的概念、呈现新内容、当天课程回顾和课后作业。在课程中，学生会参与活动，帮助他们将所学概念应用到现实生活中并巩固这些概念，活动形式主要包括小讨论、大讨论和角色扮演，也会在课间和学校活动中纠正、提示和强化相关概念及技能。

以强健儿童：六年级到八年级的第六课"清理思维：第一部分"为例，课程开始时，教师会复习先前学过的知识，并介绍本节课的新内容——情绪的强度会发生变化(一点点或很强)，学生会学习如何辨别适应不良的想法和思维错误。然后，学生会参加活动，活动内容是辨别一种情绪，并在强度温度计上打分，接着就"情绪和思维能够共存"这个观点进行讨论，可以根据具体情况改编下面这段介绍：

当我们感受到很强烈的情绪时，也会伴有一些想法，这些情绪和想法都需要我们的关注。

随后，学生通过投影学习当感受到不适情绪和想法时会产生的六种思维错误，图 2-2 给出了在课上发给学生和做成投影的材料。学生学习这六种思维错误，并讨论可能出现这六种思维错误的情境。比如：

强健儿童：常见思维错误	
 **望远镜视角** 看事物时将其放大或缩小	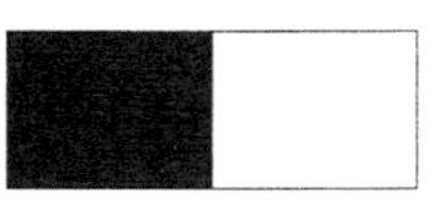 **非黑即白的思维** 以极端或对立的方式看待事物（比如，认为事情非好即坏、从未存在或始终存在、完全是或完全不是）
 **墨镜** 只考虑事物的消极面	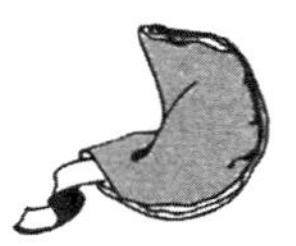 **预言** 在没有充分证据的情况下预言未来
 **归因于个人** 为不是自己犯的错而责怪自己	 **指责他人** 为自己应当负责的事情而责怪他人

图 2－2　常见思维错误

来自：梅里尔等人（Merrell, Carrizales, Feuerborn, Gueldner, & Tran, 2007b），©俄勒冈大学（2007），授权使用。

迈克尔的父母正在办理离婚手续，他认为这全是他的错，因为他最近调皮惹了麻烦。

这个情境中的思维错误是将问题归因于个人（Making It

Personal)，整个班级会一起学习这个概念，通过头脑风暴讨论可能出现这六种思维错误的情境。最后，回顾所学内容，教师布置课后作业。

强健儿童项目是以初级或普遍性预防为目标而设计的，已经成功应用于普通课堂教学和其他环境，也包括次级和三级预防情境。该项目的课程可以很容易地与语文、社会研究或健康课程融合。表 2－2 列出了强健儿童系列的课程名称，课程可以由学科教师、心理教师或心理学专家来教授，也可以由教学团队来组织教授，除了普通的课堂教学策略，还需要通过集体或个人奖励来鼓励学生参与。我们建议对学生进行评估，这不仅仅是为了测量学生的学习成果和调整教学手段，也是为了考察每节课是否按教学设计实施，确认实施者是否需要额外支持。当然，也需要考虑社会环境和文化因素，有些情境下人们可能不熟悉社会与情绪学习的理念，对课程内容存在疑问。

表 2－2　强健儿童社会与情绪学习项目的结构和课程内容

课程	题　　目	内　　容
1	强健儿童项目简介：情绪能力训练	课程总览
2	理解你的情绪：第一部分	介绍情绪知识 辨别舒适和不适情绪
3	理解你的情绪：第二部分	讨论恰当和不恰当的情绪表达方式

续 表

课程	题　　目	内　　容
4	应对愤怒	识别引起愤怒的因素 练习改变不恰当的情绪反应
5	理解他人的情绪	使用线索辨别他人的情绪
6	清理思维：第一部分	识别消极思维模式
7	清理思维：第二部分	挑战消极思维模式，更积极地思考
8	积极思维的力量	促进乐观思维
9	解决人际问题	冲突解决策略
10	释放压力	减轻压力和放松练习
11	行为改变：设定目标并保持活动	参加更多有趣的活动并努力达到目标
12	完成！	复习课程

目前，对强健儿童项目的研究表明，该项目有潜力，会带来积极的成效，学生对课程内容的记忆较好，已有的内化问题症状减少，干预整合性较强，社会效度较高（Gueldner，2006；Harlacher，2008；Nakayama，2008；Merrell，Juskelis，Tran，& Buchanan，2008；Tran，2007）。未来研究会考察在不同情境下和长时间内项目效果的推广和保持程度，在不同文化背景下修订项目（参见 Castro-Olivo，2006），通过加强训练（booster sessions）强化项目效果，以及通过家校合作来促进家校关系，全面提升学生的康健水平。

总之，通过细致和深入介绍强健儿童项目，我们对社会与情绪学习项目有了更深的了解。尽管我们确实对强健儿童项目的成功和影响力有信心，但我们不会说这个项目或其他某个项目是“最好的”，你需要考虑自己特定的需求和具体想要解决的问题，实施项目所能获得的资源和支持，时间需求和可用时间的匹配等因素，选择对你来说最好的项目。在我们看来，社会与情绪学习项目有很多，各有优势和局限，每个项目的时间需求、组织架构、实施成本、培训要求、项目目标都不同。虽然不一定要使用成套的社会与情绪学习课程包，但课程包通常经过严谨的设计和开发，且考虑用户使用的便利，因而具有很多优势。

如何选择成套的社会与情绪学习项目以满足需求

> 实施社会与情绪学习项目通常意味着削减那些不再有效或对现今的学生不再有帮助的项目和措施，推陈出新可以带来全新的、显著的积极成效。

在本章前面，我们讨论过可以选择学业、社会与情绪学习合作组织开发的指引来帮助启动和规划社会与情绪学习课程。虽然我们希望你已经了解，相比于选择社会与情绪学习项目，执行好一个项目更重要，但选择项目确实是一项很难的任务，有很多项目主题类似，而且都声称有研究依据。下面就如何选择项目给出一些建议。

确认学校的需求

仔细研究你们学校学生的行为表现记录，你就会知道哪些学生是“黑名单”上的常客，哪些违规行为经常出现。虽然引入社会与情绪学习课程能改善学生的行为纪律，但社会与情绪学习的目标不仅仅在于此。学业、社会与情绪学习合作组织指引认为，需要组建一个指导委员会，以评估学校的需求。尽管大多数学校教师都清楚哪些问题对学校来说是最关键的，但那些最烦人、最具破坏性的行为（如欺凌、身体攻击）往往首当其冲成为干预目标，这就会带来一些盲点——虽然这些问题确实亟待解决，但必须考虑学校的整体氛围，最好选择那些能对学校氛围产生影响的项目。此外，如果学校氛围整体上是积极的，那么可以考虑选择针对特定技能的项目。你可以和学校管理者商量，在当地或社区找一位有资质的专家，帮你们设计并实施需求评估，这个需求评估要有针对性、高效且能给出有用信息。

确认学生的短期目标和长期目标

也许你已经确认，学生需要充分的社会情绪技能作为基础，以帮助他们成为有贡献和有责任感的公民，这可以作为长期目标。你和同事还考虑了学生的哪些长期目标？这些目标与父母为孩子设定的目标是否匹配？或者与社会和未来雇主设定的目标是否匹配？也许，你的学校希望学生能在社会问题解决策略方面有所提升，这就是一个短期目标。许多目标看起来都很紧急且重要，大方向（即使命和长期目标）很关键，技能培养（即短期目标）同样重要，它能够帮助你向大目标迈进。我们想强调，如果能在学生的课业学习之外持续提供指导和支持，社会情绪技能的培养就能够达到最佳效果，这说明在考虑和评估项目时，最好选择那些能够持续开展且自然融入学校日常教学的项目。

评估学校正在使用或使用过的项目

学校专家正在使用或使用过的项目可以分成以下几类：正在使用且成功的项目，正在使用但支持不足甚至越来越少的项目，因没有达到预期或带来附加伤害（如教职工情绪低迷、对社会与情绪学习工作不抱希望）而“破灭”的项目。负责规划项目的学校管理者需要了解，尝试过的项目为什么成功或失败，考虑借鉴一些效果好的项目，更重要的是在作项目整体调整时，考虑摒除效果不佳的项目，并注意减少过去失败的项目带来的不良影响。

考虑与你的需求和目标最匹配的项目

我们已经介绍一些非常好且有研究支持的项目，当然无法穷尽所有项目，如果有需要，你可以通过一些可靠的资源去查阅并仔细评估其他项目，推荐的资源包括学业、社会与情绪学习合作组织网站，以及社会与情绪教育中心（Center for Social and Emotional Education）网站。如果你能够登录一些数据库查找某个项目相关的研究论文，那么我们建议你使用这些数据库资源，并和学校指导委员会一起评估。重点是，在使用项目之前你要充分了解信息，尽可能地充分评估这个项目能否与你们学校的环境相适应。

确认维持项目运行所需的资源

要想维持一个项目的运行，特别是成功的运行，需要付出巨大的努力。我们经常会忘记监控项目实施的完整性，忘记实施者必须得到支持才能规划课程、购买材料、培训教师。最好定期开会以更新项目实施情况，总结项目进展和问题，讨论问题解决方案，学校管理层的参与和协作会有非常大的帮助。

本章小结

本章介绍了如何选择成套的社会与情绪学习项目，在选择时需要考虑哪些因素。我们介绍了几个具体的社会与情绪学习项目，让你对这些项目涉及的主题有所了解，也给出了在实际选择项目时需要重点考虑的问题：

- 社会与情绪学习项目必须长期实施，需要支持性资源，优先考虑其可持续性。
- 选择社会与情绪学习项目前必须有慎重的规划，选择与学校环境、优先考虑的问题、学校目标和当前大环境相匹配的项目。
- 实施社会与情绪学习项目的同时应持续评估，这能帮助你决定是否需要加以改进，并监控学生和教师的进步。
- 成套社会与情绪学习项目的优势在于有概念框架、研究支持、现场试验和系统材料。
- 本章介绍了几个有研究证据支持的项目，可以帮助你快速选择最适合学生需求的项目。

工作表 2-1　社会与情绪学习项目评估工作表

学校名称：
目标年级/年龄水平：
考虑的项目：
发行方/价格：
课程手册以外的其他费用：
课程/活动数量：
每个课程/活动需要的时间：
课程频率/每周次数：
项目中涵盖的核心社会与情绪学习能力：

☐ 自我意识　☐ 社会意识　☐ 负责地决策
☐ 自我管理　☐ 关系管理

项目中涵盖的其他能力：
使用项目所需的/可用的培训：
有评估和进度监控工具吗？　☐ 有　☐ 无
项目与学生需求的匹配：☐ 高　☐ 中　☐ 低
总体推荐程度：

☐ 强烈推荐　☐ 进一步考虑　☐ 不推荐

其他意见：

第三章
在课堂上使用社会与情绪学习的要点

本章引言和概述

对许多教育工作者来说，实施社会与情绪学习项目是一个令人望而却步的过程，精心选择的规划和策略可以使这个过程更实在和更具操作性。

要想学生在社会、情感和学业上获得成功，实施社会与情绪学习课程的准备工作是最重要的步骤之一，这关系到学校教职工对课程和活动的满意度。你有没有接到过这样的要求，即在现有的知识体系中加入一个有前景但陌生的概念或课程，这让你既感到兴奋，又感到忧虑甚至烦恼。经过一段时间的尝试和修正，当你教授了新内容，学会更有效地组织教材，最终这些新内容完全成为你课程的一部分。实施社会与情绪学习课程的早期阶段可能和这个过程非常相似，由于在课堂上纳入社会与情绪学习教学对许多教育者来说仍是一个相当新的理念，他们在本科和研究生阶段可能没有相关的实践和培训，因此学校专业人员可能会感到有些陌生和突然。由此可见，要将一套全新的教学材料融入已然非常充实的日常教学是有难度的。

本章将介绍社会与情绪学习实施规划的核心要素。我们希望通过一些重点指导，你能够解决具体环境和情境中的各种问题。我们在强健儿童课程方面的经验，以及跟学校专业人士在其他社会与情绪学习项目上的合作，帮助我们了解并实地测试了许多准备活动。项目实施规划的核心要素包括：

- 确保你获得所有需要的材料。
- 从有相同项目经验的专业人员那里获得培训。
- 寻找并使用策略来组织材料和活动。
- 使用已有的和新的课堂管理策略来确保学生在课堂上的专注力和积极性。
- 开发一些创新活动，帮学生将课堂材料扩展到不同的生活情境，并保持这些技能。

几乎在每次社会与情绪学习宣讲中，我们都会被问到，有没有针对特殊需求人群提供修订的社会与情绪学习项目。比如，社会与情绪学习项目如何为孤独症儿童服务？患有注意缺陷多动障碍的学生，或者其他无法在一节课 45 分钟内维持注意力的学生呢？我们提供了一些建议供你考虑，还会讨论将家庭和社区纳入学校主导的社会与情绪学习课程的重要性。当然，学校社会与情绪学习的最佳实施方法还有待改进，我们相信以下建议能帮你开个好头，而且给你一些参考，以应对不可避免的极具挑战性的情况。

准备和计划：基础

如果对社会与情绪学习的整体理念有一个基本了解，项目实施在启动阶段就可以有的放矢。通过查阅项目材料、寻找可靠的和已发表的资源，以及与同事讨论课程概念，可以很容易地收集信息。

你可能遇到过这样的情况：在上课或者作专业演示时，突然意识到遗漏了某项课后作业材料，演示幻灯片中缺少某项要点，或者课堂活动的指令没有讲清楚，对某个重要概念的理解有限。这都很让人沮丧！社会与情绪学习的课程教学中也会发生同样的"灾难"。比如，没有复印解释常见情绪表达的某个表格，因此不能发给学生，或者你花了太多时间批改学生的论文，因此没有时间为第二天的社会与情绪学习课程备课。此外，根据我们对社会与情绪学习课程内容的研究和教学经验，要想上好社会与情绪学习课程，我们必须了解自己所教的内容是什么，对如何获取和组织材料进行规划，必要时寻求外部支持，测量学生的进展。本节将引导你怎样开始这些工作，让你的社会与情绪学习教学体验更愉快，更有收获。工作表 3-1 列了一个清单作为简单的参考，带你完成这一过程。

下面的内容能帮助你梳理社会与情绪学习项目实施的过程，按照优先顺序排列，或者按照材料的熟悉度排列，在了解项目的基本情况后会处理细节部分。

获取必要的材料

这一步看起来很简单，但实际上社会与情绪学习教学可能需要好几种材料，最好先确保找到以下这些材料：

- 教学手册
- 学生工作簿
- 投影仪
- 课堂教学幻灯片
- 用于课堂活动或课后作业的可影印的工作表
- 在教学中呈现或在教室里展示的海报或其他视觉辅助工具
- 书写工具、美术工具
- 视频或音频播放设备

当然，可能还需要其他材料，一般来说，教学手册会针对课程整体所需的材料以及每节课所需的材料给出建议。显然，你要知道在实施课程之前具体需要准备什么，这本身就是一项准备工作！有些社会与情绪学习项目会提供材料，比如可以直接使用教学手册中给出的工作表。随着你对课程越来越熟悉，准备工作也会越来越容易，你会摸索出组织这些材料的方法，让这些材料用起来更得心应手。学校里有没有助手可以帮你收集这些材料？利用学校现有的资源来帮你做好准备工作，可以减少你的工作量，增强社会与情绪学习项目参与者的团队合作意识。

了解和理解内容

和你准备学科教学及课堂行为管理一样，社会与情绪学习相关概念的教学也需要一些背景知识。这并不意味着,你必须回到学校去获得专业认证或接受其他进阶培训,许多资源可以帮助你了解社会与情绪学习的概念和策略,哪怕这些内容现在对你来说可能比较陌生。我们期待着有一天,每个成年人都非常了解社会和情绪知识,因为他们小时候在学校、家庭和社区接触到这些技能,而且能够定期实践这些技能。当年,我们接受 K－12 教育时,没有系统的社会和情绪技能教育。笔者(芭芭拉·A.居尔德纳)借工作坊和培训的机会多次对教育和心理健康专业人士开展非正式调查,了解有多少人小时候接受过社会和情绪技能指导,结果发现接受过的比例通常很低。对我们这些小时候没有机会接受社会和情绪技能指导的人来说,可能需要补课,不仅为了自己和家人,而且为了我们的学生。因此,我们强烈建议你去参加一些活动,了解社会与情绪学习相关概念和策略的理论背景及研究证据。

一般而言,成套的社会与情绪学习课程包不仅提供了支持课程有效性的证据,而且给出了这些策略的概念模型基础。比如,儿童在发展过程中会经历一系列社会和情绪发展阶段,开发课程时需要考虑这些阶段,这样儿童就能够在不同的发展阶段接触到适合该阶段的信息,并推动他们向下一阶段发展。

了解课程材料是如何开发和呈现的,以及它背后的原理,能让你更自信地向学生教授这些内容。因此,在教学开始前,你首先要仔细查阅课程材料和手册,尽管这些材料和手册可能有点“干巴巴”。为什么这很重要?成年人通常从自己的经历中获得社会和情绪功能相关知识，并以此为立足点，将对学生来说可能很难理解的一些概念传达并解释给他们听。很多读者可能都学过一两门关于儿童发展的课程，抑或一门或多门心理学概论课程，有关教学方法、教学效果的理论和实证研究在教育领域呈指数级增长。鉴于教育领域越来越关注社会和情绪发展及其如何促进学生成长，获取最新且准确的信息就变得极其重要。除了课程材料之外，你可以访问一些在线资源，还可以从书店和书目宣传册中找到一些纸质资料。下列组织及其相关网站为教育工作者提供了社会与情绪学习相关信息：

- 学业、社会与情绪学习合作组织（www.casel.org/）
- 加利福尼亚大学洛杉矶分校学校心理健康中心（smhp.psych.ucla.edu/）
- 马里兰大学学校心理健康中心（csmh.umaryland.edu/）
- 社会与情绪教育中心（www.csee.net/）

你会发现，当你通过这些可靠的网络资源、书籍或大学课程找到课程资料和书面材料，了解社会与情绪学习相关知识后，你能够自信地面对学生，将这些知识传授给他们。如果你把这些材料和社会与情绪学习策略教学研究结合起来，一定能提升你对社会与情绪学习的理解，也能让你对社会与情绪学习概念框架的相关研究更敏锐。对于这些你以前觉得困难的概念，以及如何将学到的技能用于自己的实际生活，你会更有掌控感和自信！相信我们，你对社会与情绪学习理论和实践研究的深入理解和评价，能够帮助你把这些理念和技能传授给你的学生。

预估准备和实施所需的时间

有一个很棒的时间管理方法，叫作“由内而外的时间管理”（Time Management from the Inside Out；Morgenstern，2004）。这个方法指出，为了提高日常效率，人们应该估计完成每项任务所需的时间，即先列出需要完成的任务，然后估计完成任务所需的时间，最后记录完成任务的实际时间。如果把这个方法应用于新实施的社会与情绪学习课程，它将成为繁忙学校的救星。课程材料可能会提供一节课或一个课堂活动所需时间的估计，这些估计是根据以往其他人开展相同活动所用的时间而得到的，准备课程或活动所需的时间则比较难估计。所以，当你在熟悉课程材料时，最好列出所有必要的准备任务，以及某个特定的活动教学需要多长时间，这就是你针对每个课程或活动所需的准备时间和教学时间估计。当你正式做准备工作和进行活动教学时，记录下实际花费的时间。然后，你可以反思：任务要怎么分配？有没有哪些任务实际花费的时间比估计的时间更少或更多？当你开设一门新课程时，多半需要花更多时间准备和教学，而随着你对课程内容越来越熟悉，工作越来越顺畅，同样的事情就不需要那么多时间了。这种方法能帮你可靠地估计时间，让你在准备和教授社会与情绪学习课程时预留充足的时间。

技术支持：培训、咨询和反馈

大多数学校会在一学年的课程中给教师留出专业发展和进修

的时间。尽管每次进修的主题会变化，参与者的兴趣也有所不同，但这种提供信息和培训的传统可以作为一个很好的起点，促进教师在社会与情绪学习课程上的发展。事实上，社会与情绪学习课程鼓励培训和持续的支持，这样能使课程方案得到更有效的实施，学生的技能也能得到提升（CASEL，2003；Fixsen，Naoom，Blasé，Friedman，& Wallace，2005）。虽然目前为止还不太明确哪一类具体的支持对社会与情绪学习课程最好（Gueldner & Merrell，in press），但我们认为有几种支持非常有用，都在有课业和行为改善需求的教学环境作过实地检验。我们要怎样获得支持呢？前面提到，可以组建指导委员会或类似组织对社会与情绪学习项目进行研究并督促项目实施，也可以向学校宣传和推荐针对教师的社会与情绪学习支持服务。

培训

本书的两位作者都曾在教师专业发展项目中担任培训师，向学校教职工介绍社会与情绪学习，并提供更深入的培训。这种培训可以满足几个需求，比如推动学校开展社会与情绪学习工作，或者针对项目中的具体问题，围绕社会与情绪学习的实施细节开展讨论并解决问题。专业的培训人员可以是专攻社会与情绪学习或学校心理健康问题的大学教师，以及熟悉社会与情绪学习项目构建和实施的从业者。社会与情绪学习项目的出版商和专业组织也可以针对特定的项目提供培训。比如，儿童委员会针对其开发的第二步：暴力预防课程项目提供培训，帮助学校专业人员启动课程并维持课程的有效开展(更多信息可以浏览其网站上的相关文献和研究)。要注意的是,这些培训通常是一次性的,虽然能激励项目启动并提供充分信息,但往往效果有限,很难从学生的长远表现上看到效果(Fixsen et al., 2005),也很难帮助教师持续有效地开展工作(Witt, Noell, LaFleur, & Mortenson, 1997)。现实情况是,大多数培训和展望类服务没有完整的后续规划跟进,只能停留在起点。

咨询

要想在课程项目的实施过程中获得一些有用且可行的支持,咨询服务可能是一种选择。再次强调,持续的支持是最好的,能够提升教育工作者和学生各方面的表现并维持这些成效。咨询的内涵很宽泛,重点在于指导委员会能够明确,希望通过咨询服务实现哪些目标。咨询的常规内容包括评估学校和课堂现有的优势和需求,从而确定在这个情境下社会与情绪学习项目要如何发挥作用,如何获得最优结果,以及/或者在项目实施期间提供一对一帮助,观察项目运行情况,特别是哪些问题需要解决,进而获得最优结果。学校有很多专业人士(如学校心理学家和咨询师),他们对在学校使用初级预防和早期干预策略很感兴趣,并接受过培训,是极好的资源。虽然系统的社会与情绪学习课程建设可能不是他们当前的工作职责,但相信其中很多人会非常感兴趣并愿意提供这些服务,特别是当他们只需要对目前的职责略作调整就能胜任这个角色。有些地方则保留了顾问的形式,像阅读指导顾问那样,他们与教师和教育支持人员合作，在引入新的或特别难的课程时提供支持。这部分不详细讨论各种咨询模型及其优缺点，不谈这些细节，要使咨询做到可行且有用，最谨慎的做法是澄清咨询目标，并讨论如何利用现有的咨询模式和服务来实现这些目标。

绩效反馈

绩效反馈用于教育环境，能够提升教师课堂干预的持续性以及学生的行为和学业表现（Mortenson & Witt，1998；Noell et al.，2005）。它通常需要一位顾问，既可以是同事，也可以是学校内部的顾问，这位顾问会考察教师的策略和课程执行是否契合课程设计并提供反馈。具体来说，顾问会测量社会与情绪学习项目的关键元素，并向实施项目的教师反馈这些信息。研究表明，反馈信息对改善学生的表现特别有帮助，但针对社会与情绪学习项目实施的绩效反馈研究很有限（Gueldner & Merrell，in press）。不过，既然研究发现在行为或学业干预情境下绩效反馈有积极作用，那么我们相信，绩效反馈是促进社会与情绪学习有效实施的一种恰当方式。

测量进展

在社会与情绪学习项目实施期间和之后测量和监控学生的进展，能够帮助我们了解项目可能产生的影响、需要作出哪些改变和调整，以及决定当前的项目是成功且可以继续的，还是没有达到预期效果而需要叫停的。这一点非常重要。第七章会详细介绍如何构建并实施这个过程。我们在这一节简单提一下，提醒你认识到这个元素的重要性并优先考虑它。

行为管理

在学校的日常教学中，没有什么比因学生的行为问题而打断教学带来的干扰更大了。当整个学校生态能够有效培养积极的师生关系时，课堂行为管理的力量很重要。成功的学校行为管理涉及两个主要且决定性的因素：积极沟通和关系培养；全校范围内结构化且系统化的行为管理方法。如果你走进一个关系融洽的课堂，就会感受到一种独特的“气场”：教师讲课的声音铿锵坚定且引人入胜，他将自己融入课堂，所有学生都能很容易地看到和听到他的讲课，学生认真听讲并积极回应教师的指令。研究表明，教师的言语和非言语沟通在很大程度上决定了课堂氛围，积极的“气场”能让学生体会到教师的关注、尊重和接纳，同时不能容忍问题行为(Knoll & Patti，2003)。积极行为干预和支持是一种结构化和系统化的方法，不仅极大地改变了学校行为的管理方式，而且大大加强了对积极行为的正向促进(e.g.，Sugai & Horner，2002)。在积极行为干预和支持框架下，教师使用全校范围和基于课堂的策略来教授并促进亲社会行为，通过干预管理纪律行为(如开展功能性行为评估，并以此形成行为管理计划)。如果学校积极采用系统的积极行为干预和支持方法来处理学校行为，那么社会与情绪学习项目中的行为管理会有很大的优势，学生了解校园生活中有哪些基本的行为规范，不管是在教室还是在走廊，在午餐时间还是在等校车的时候。要想了解积极行为干预和支持，可以浏览美国教育部国家技术援助中心的积极行为干预和支持网站。

我们为什么要在社会与情绪学习的背景下提到全校范围的行为管理的重要性？采用和实施这些一般性的行为管理方法，将为后续在社会与情绪学习课堂中引入特定的行为预期奠定基础。这样，对学生来说社会与情绪学习课程中的行为预期就和日常的学科课堂中的要求没什么不同，比如在教室里要注意安全（如不在教室里奔跑、打闹）、尊重其他学生（如使用友善的语言、聆听他人谈话），以及作出负责任的选择（如作好课前准备）。为了保持连续性，这些期望和所有相关的管理策略（如奖励满足期望的表现）应当在社会与情绪学习项目的实施过程中持续下去。社会与情绪学习涉及的特殊期望通常包括：（1）鼓励学生分享自己的想法和感受，但不勉强他们分享让自己觉得不舒服的东西；（2）课堂上讨论的一切必须保密；（3）分享一些很敏感的想法和感受时，尊重同学尤为重要。这些期望应该在所有课程开始前明确说明，且学生可以提问并得到清晰的解答。

我们已经看到，教师开始提高对积极行为的奖励频率，用一些学生非常喜欢或在意的简单强化物去强化学生的积极行为。对许多学生来说，有机会分享他们的经历就是一项很有用的奖励。特别是中学生，他们所处的发展阶段需要他们去学习和表达各种困惑和痛苦的情绪。对其他学生来说，分享和参与可能会引发焦虑，或者看似无用且“无聊”。当你慢慢掌握学生对这些材料的反应时，你就可以针对安全、尊重和负责任的行为，给予特定频率和类型的奖励。你也可以考虑举办一场总结会，来为一门课程画上句号。我们认为，社会与情绪学习是一个终身学习的过程，对学生来说贯穿整个学业生涯，因此，我们要告诉学生，总结会不是终点，而是他们圆满完成任务后能够期待的一个小奖励。

结论

这部分我们介绍了六个方面的内容，如果做得好，将为规划和组织社会与情绪学习工作提供策略性的帮助。对这些内容的重视能极大地提升学校教师的自信，使他们不仅有能力准备课程材料，而且可以提供外部支持系统，这能够充分确保学生的进步和全面的满意度。你可以把图 3-1 作为一个检查清单，将信息浓缩为一个工具，用以提示和监控你对这部分介绍的策略的使用情况。下一节将讨论在课堂实施社会与情绪学习项目的具体操作。

社会与情绪学习的实施

> 监控课程是否按照既定形式教学，这有助于最大化课程实施和改进的效果。

上一节介绍了社会与情绪学习实施规划中需要考虑的几个方面，现在我们来看看实际实施中的各项要点。当然，和所有新尝试一样，一开始你会带着期待、兴奋又有点担心的情绪；你知道学生对课程的第一印象决定其参与度，第一印象越积极，参与度越高；你希望教学过程自然、流畅，发现可以通过一些反馈来了解课堂情况，并通过讨论找到修正的方法。上一节提到的很多规划策略能为这部分内容奠定基础，这部分内容则对上一节提到的很多规划策略进行细化。

我们所教的是我们想教的吗

在文献和实践中反复出现的一个问题是：尽管一个项目经过研究是有效的，但我们在实施过程中怎样确保其按照既定的方式执行？换句话说，项目研究通常是在严格规定的条件下实施的，为了达到最佳效果，在实际执行的时候，也需要按照研究时得到积极作用的条件来执行。项目设计通常有很坚实的基础，包括兼具广度和深度的理论基础，以及经过检验的实证基础。简而言之，在项目材料中包含特定的社会与情绪学习主题，并按照特定的顺序加以组织，都有其策略性的意图。就如同在数学课上，学生在学习复杂的代数方程之前要先学习乘法，社会与情绪学习概念的深度和顺序同样需要精确的设计和执行。那么，我们如何确保这些步骤按照项目原本的设想来实施？

一种衡量方法是测量学生的表现。这里的逻辑是，如果学生获得知识和技能，而社会与情绪学习课程概念是产生这些结果的一项重要因素，那么学生肯定也学习了这些课程概念。这类测量通常通过纸笔或口头测验（如小测验、考试、课堂提问）来考查学生的知识。这种逻辑显然是有局限性的！了解学生的学习成果并不意味着，所有概念都是按照原本能产生积极结果的方式来教学的，只是告诉我们学生处于某个特定的表现水平。可能他们本来就懂这些知识，或者他们本来能了解更多知识，但是因为演练而耽误了一半课程。

操作完整性(treatment integrity)考察项目/策略按照预期、设计和研究实施的情况,概括地说,是在课程实施阶段/教学过程中监测,以确定干预者(教师、顾问、心理学家等)是否按照项目设计和有效性研究确定的方式来使用和教授项目材料。研究发现,学生表现与干预者使用课程材料的方法直接相关(Witt et al., 1997),这意味着我们不仅要测量学生的进步,而且必须评估项目实施工作本身。

当然,评估学生成果对项目有效性的追踪至关重要(第七章会更深入地讨论这一问题)。对项目实施工作本身的测量有两种主要方法,但首先我们要明确测量的是什么。惯常的做法是,先确定项目中有哪些要点在实施后能带来积极结果,包括是否进行了关键概念的教学、教到了什么程度(比如是简单提到这些概念,还是结合相关例子和实践机会充分教授这些概念)、概念引入的顺序、课程进度的快慢、学生参与的比例和程度。如果你选择现成的商用课程项目,那么最好看一下有没有材料能帮你收集数据以评估操作完整性。如果没有,那么你可以考虑设计一个简短的表单,用来测量项目中的关键要素,即那些对于项目成功绝对必要的元素。在这种情况下,你可以与其他教师/项目实施人员讨论,确定哪些内容是必要的。我们提供了一个简短的表单示例,最初这个表单是为了对强健儿童课程进行有效性研究而设计的(见图 3-1)。本部分最后的应用场景案例介绍了这个表单的创建过程,相信可以帮助你在项目实施过程中完成这重要的一步。

执行清单　第六课：清理思维　第一部分

观察开始时间：

Ⅰ. 回顾

☐ 回顾以往课程/作业的主要内容（获得 3～5 个适当要点）

圈选：没有执行　　部分执行　　完全执行

备注：

Ⅱ. 介绍

☐ 介绍情绪概念以及不同的情绪强度

圈选：没有执行　　部分执行　　完全执行

备注：

Ⅲ. 识别情绪及其强度、消极思维和常见的思维错误

☐ 使用补充材料作为幻灯片投影

☐ 教师介绍愤怒情绪的例子及其在强度温度计上的位置

☐ 学生介绍自己的例子

☐ 教师指出思维可以与情绪共生

☐ 学生识别伴随自身情绪的思维

☐ 使用补充材料作为幻灯片投影并分发材料

☐ 教师回顾六种思维错误

☐ 使用补充材料作为幻灯片投影

☐ 讨论六个情境并识别思维错误

圈选：没有执行　　部分执行　　完全执行

备注：

Ⅳ. 收尾

☐ 教师回顾本次课程的要点

圈选：没有执行　　部分执行　　完全执行

备注：

Ⅴ. 作业材料

☐ 分发补充材料

圈选：没有执行　　部分执行　　完全执行

备注：

观察结束时间：

执行百分比：

图 3－1　评估社会与情绪学习课程的操作完整性的检查清单示例

操作完整性主要有两种测量方法。第一种是使用自我报告检查清单或量表来测量，干预人员根据项目的实施情况进行评估。这种方法相对简单，几分钟内就可以完成，不需要额外的技术支持。它的主要缺点是评估过程非常主观，准确性有限，因为结果完全依赖评分者的感知。这往往使得第二种测量方法更受青睐，即由一位中立的评分者（通常是另一位经过训练的专业人员）在项目实施的过程中进行观察，评分者所用的表单与第一种方法使用的表单相同，区别在于第二种方法评分的主观性更小，而且评分者可以观察课程实施过程中各种教学的、行为的或其他类型的问题，这些信息可能是干预人员自己注意不到的。这些信息不仅有助于追踪项目是否按照既定设计来实施，而且可以从另一个角度来排除问题和寻找解决方案。使用这种方法需要针对评分者的材料使用情况和评分方式进行培训，干预人员需要以开放的心态来接受他人对其表现的反馈。再次强调，研究证明操作完整性测量和提供反馈对教师以及学生的表现有很大影响，但也需要他们愿意接受这样的评估和反馈。这个过程中有一种辅助做法可以考虑，即把每次观察的结果做成图示。有研究表明，通过视觉图像展示评估结果有助于按照原定设计推进方案（Balcazar，Hopkins，& Suarez，1985）。图 3－2 给出了一种可能的图示。

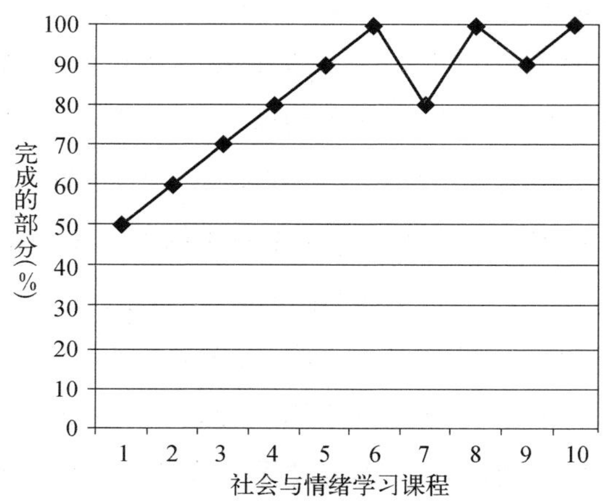

图 3－2　教师成功实施社会与情绪学习课程的图示

应用场景：测量项目实施情况

新学年开始，加布里埃拉·杰克逊(Gabriella Jackson)非常期待见到她要带的六年级语文课的学生。带一个新班级常常有一种充满新生和希望的感觉，杰克逊希望能引导并帮助学生完成从小学到中学的过渡，这对一些学生来说是一个挑战，他们要适应在课业上更独立。刚刚过去的这个夏天，杰克逊参加了一项新社会与情绪学习课程的培训，该课程旨在帮助六年级学生学习应对压力的心理韧性技能。和学校其他几位六年级教师一样，杰克逊真的很想尝试这个新项目。他们打算用一些评分量表来测量学生在未来六个月的进展，因为他们希望自己的教学尽可能地贴近课程设计思路，同时在未来六个月追踪自己的教学和指导情况。

不过，这个项目不包含操作完整性工作表或检查清单。在两个小时的休息时间，几位教师聚在一起开发自己的评分系统。杰克逊准备了一份大纲，列出了测量需要包含的主要元素：

1. 我们想要确保每节课教好哪些元素？这些是我们必须关注的。

2. 我们需要测量每个元素的教学情况，是完全没教，教了一点，还是完全教了？

3. 我们需要提供机会以关注和记录教学过程中遇到的问题，比如哪些内容进展不顺利或者需要调整。

4. 我们可以在教学过程中给自己打分，或者抽三分之一的课程时间互相观察，以确保教学涵盖所有内容，并对教学表现进行反馈。互相观察会使评估更准确，可以考虑实施几次课堂抽查或互相听课，也可以看看学校顾问或心理教师有没有兴趣帮忙。

杰克逊把大纲交给其他教师看，他们就这些条目达成共识，于是开始追踪项目的实施情况。学校心理教师帮他们观察和收集数据，告诉他们哪些地方需要调整，哪些地方做得很好。教师也收到学生材料使用情况的反馈——大多数情况下，学生做得很好、很投入。当需要向学校管理层汇报项目进展情况时，教师能够借助文档说明他们按照原定设计实施项目，并在学生身上看到积极的成效。这些数据说服了学校管理层，他们考虑在中学各个年级实施该项目，从下一个学年开始。

关注教学

使用有效的教学原理可以增强社会与情绪学习内容的传递。在教学中结合脚手架概念、恰当的教学语言、正例和反例说明、频繁的提问和互动等策略，能帮助学生提升社会和情绪技能。

大部分学校教师对于如何开展有效的教学都有坚实的经验基础，也相对很有自信。在实施社会与情绪学习的开创性工作时，由于这些内容通常是在课堂上教授的，因此关注教学非常重要！除了举一些学生日常生活中的例子，通过角色扮演和讨论来辅助教学（Gresham，2002；Joseph & Strain，2003），许多社会与情绪学习课程的教学在很大程度上依赖经过研究验证的教学原理。比如，许多教师都认为脚手架方法是一种有效的教学方式，即先引入某个概念，熟悉概念后在此基础上再“搭建”新概念和补充概念。有时，在教学中教师会用一些教案脚本帮助自己采用精确的措辞，包括控制教学的词汇量、确定教学用语，确保学生对内容有更准确的理解(Watkins & Slocum，2004)。举正例和反例也是一种常用的教学策略，能够更好地解释相关概念，并进行概念的比较或对比，揭示概念间的细微差异乃至本质区别。以快乐和悲伤情绪为例，这两种情绪可以作为一个很好的起点，来说明两个差别很大的情绪概念，因为大多数人都同意悲伤通常是快乐的对立面。比较快乐和兴高采烈这两种情绪，它们有共同特征(比如笑容、轻松的心情、放松)，也有一些细微差别(比如兴高采烈通常"更"快乐，往往与欣喜、兴奋、狂喜作比较，但兴高采烈肯定不是悲伤)。

有效的教学方式与学生的学业成功息息相关，因此对待社会与情绪学习教学同样需要努力确保良好的教学质量，这也是我们监控操作完整性的原因：如果你能够测量并监控教学质量，就是在为社会与情绪学习项目创建一个有效的模型。目前，笔者(芭芭拉·A.居尔德纳)每天都与教育行业以外的心理健康专业人员一起工作，讨论关注这些问题的价值。如果你在教育领域工作，接受过教学原理的正式培训或至少对教学策略有所了解，那么应该能理解为什么要关注这个话题，也更愿意担起这个责任，确保通过有效的教学实践为学生带去积极的结果。

在不同的情境和时间练习技能

我们都能回忆起学习某种新乐器或新运动的经历——通过练习，你在各种情境下(比如在感到紧张时，在恶劣天气下，在一大群观众面前)展示技能，并逐渐提高技能。笔者(芭芭拉·A.居尔德纳）清楚地记得自己多年的音乐“训练”，每周上课，每天不少于30分钟的练习，从弹奏简单的曲调开始一路进步，到最终记下并演奏出难度较高的乐曲。但因为我练习的都是古典音乐，而我更喜欢现代音乐，所以每天的练习对我来说都是苦修，既与我的生活无关，也没有乐趣。学生在学习新技能时也会有这样的感觉。但是，学习了解感受、情绪、人际关系以及健康的情绪表达方式很有趣！在教室、家里和社区练习，可以帮助学生提升技能，让学生在运用这些技能时更得心应手。

和练习其他所有技能一样，练习社会与情绪学习技能需要寻找机会频繁地接触和实践新的社会与情绪学习概念，在各种条件下（比如先在教室，然后到走廊、食堂、游戏区，再到家里或社区）练习。在学校范围内推进这个过程很有难度，因此我们提出以下建议：

- 重点教授材料中列出的最重要的概念和技能，学习和实践这些最基本的要素会给学生带来最大收益。
- 关注你的听众，年纪小的学生注意力持续时间短，只能在短时间内坐定聆听课堂教学。如果听课时间超过其发展阶段的适宜时间，他们就会感到无聊，有些内容就听不进去。因此，可以在一天内见缝插针地教学，利用课堂、走廊、午休和课间休息等机会举例阐述课程内容。这同样适用于年龄较大、注意力保持时间较长的学生。
- 回顾几周前讨论或涉及的内容和相关示例，这可以使学生更好地理解教学材料，激活记忆，建立更牢固的联系。例如，你可能会发现，语文课包含一些常见的社会情境或伦理困境，可以用于解释社会与情绪学习概念；班级学生发生的争论，可以用于练习上周刚介绍的问题解决技能。想办法在材料中融入大量示例，你的学生能够从中学习和获益！

社会与情绪学习进入家庭

监护人需要了解社会与情绪学习的信息，以帮助学生在家中和社区实践这些概念。对学生来说，监护人是在社区和家庭中受过良好教育的榜样，他们有责任在家中把社会与情绪学习维持下去。

要想推动社会与情绪学习工作，使学生将这些技能应用于其他情境，一个好办法是将家庭纳入社会与情绪学习工作。为了做到这一点，必须设法将监护人纳入整个社会与情绪学习工作。这就意味着，我们的工作不能仅仅停留在告知家长他们的孩子要参加社会与情绪学习项目。很重要的一点是，要去了解学生家庭的组成情况：父母、祖父母和养父母等监护人，以及兄弟姐妹和其他大家庭成员。在这个过程中，我们可能会错误地将各种情况一概而论，忽略了对具体的社区、社会经济地位和特殊文化因素的考虑，这一点我们会在第五章详细讨论。然而，不管怎样，了解学生的家庭情况确实会对维持社会与情绪学习工作产生影响。

目前，学校是儿童接触社会与情绪学习课程的主要场所。我们期待有更多机构或组织，如初级保健机构，能够向监护人和儿童提供社会与情绪学习的信息和补充服务。在此之前，学校依然是社会与情绪学习的首要信息交流中心，要想扮演好这个角色，学校必须努力了解学生的家庭，让他们感受到学校的重视。许多家庭觉得，学校会拒绝家庭的参与，这不一定是因为学校不欢迎家庭，而是学校本身往往会让人望而却步，尤其当监护人在学校有过负面经历。大约一年前，笔者（芭芭拉·A.居尔德纳）去一所中学协助一个研究生收集论文数据。我曾在那所中学做了十年的学校心理教师，这次是我离开学校后第一次回去。刚到学校时，我确实有点紧张，别人都熟悉这里的环境，而我在走向工作人员休息室时，却不可避免地感到惶惶不安，毕竟我一个人都不认识！虽然每个人都很友好且愿意帮忙，但周围的环境时刻提醒我，我进入一个自己并不完全了解的环境。我无法想象，当家长第一次不得不进入学校，有些家长甚至连英语都不会说的时候，会有什么感受。希望你与同事展开讨论，学校能够通过哪些合作或单方面的行动使家长慢慢放下包袱，感受到学校对他们的欢迎，知道学校的目标是让他们参与学生的教育，包括参与社会与情绪学习项目。

要想在家庭中分享情绪感受，应对不良情绪，合理缓解压力，管理人际关系，监护人需要获取信息！学校可以给学生家庭推送项目信息，开设咨询服务；可以将每次社会与情绪学习课程的重点内容写成“联系信”，让学生带回家，或发布到学校网站；还可以教家长如何在家中讨论社会与情绪学习概念，了解家长和孩子一般多久会讨论一次情绪感受，并帮他们把谈话进行下去！与学校的积极关系有助于监护人更好地协助学校开展教育。

针对特定人群修订社会与情绪学习项目

当我们举办讲座或工作坊时，有多达四分之三的情况人们会问："我该如何修改和调整你介绍的材料，以便给孤独症/认知障碍/学习困难/脑损伤/行为问题/非英语母语/(……)的学生使用?"这显然是一个非常重要且很有难度的问题，因为我们希望在这个多元化的社会中努力满足所有儿童的需要。第五章介绍和讨论了不同文化背景下的儿童的社会和情绪需求，以及如何应用社会与情绪学习。接下来主要讨论，针对有发展问题、学习迟缓问题和行为问题的学生，我们应如何使用社会与情绪学习课程。

认知障碍学生

许多教师要面对有认知障碍(如智力障碍)和学习障碍的学生，教师想使用社会与情绪学习课程，很多人也开始作一些尝试，通常是在特别设计的指导中纳入社会与情绪学习相关概念。如果现有项目在设计时本身并不针对特殊群体，那么如何修订这些项目呢?我们希望采用的方法有实证证据的支持，这就提出了一个很大的难题，因为针对特殊群体的课程选择是有限的。尽管如此，我们还是给出一些建议供大家参考。

与所有正常发育的儿童一样，有认知障碍的学生也需要适合其发展水平的教学材料，并经历一定的挑战，从而获得新的、实用的信息和技能。然而，认知障碍学生和普通学生会慢慢出现差异，这种差异会随着他们的成长而越来越大。通常，有认知障碍的学生获取和处理信息的速度比较慢，这就需要使用重复和整合的教学方式，帮助他们将材料编码到记忆中。普通课堂一节课 45 分钟的教学模块所包含的信息量，对认知迟缓的学生来说，是不可能完全覆盖的。在 45 分钟里，需要了解和掌握的信息对他们来说太多了，而且随着学习的概念趋于复杂，这些学生往往很难保持注意力。因此，对他们来说，覆盖这些内容需要更多教学模块和时间。此外，教学内容也不宜与普通教育完全相同，因为新的社会与情绪学习概念通常出现在一些发展节点上，即在学生能够理解的时候引入，有些概念需要更强的抽象推理能力，比如元认知或反思思维，这对一些学生来说比较困难，取决于他们具体的功能发展水平。此外，认知障碍学生所用的材料都是普通学生中年龄相对较小的学生使用的，因而材料中的语言和图形看起来会比较“幼稚”。

考虑到这些差异，什么样的社会与情绪学习概念恰当且可行呢？我们建议，至少应该将重点放在社会与情绪学习的基础上，在学生掌握基础后再向前发展。这些基础内容通常从情感教育开始，尤其是情绪知识和技能。研究表明，识别自己和他人情绪的能力对社会行为、小学后期自我报告的内化症状、注意力控制和学业能力有预测作用（Fine，Izard，Mostow，Trentacosta，& Ackerman，2003；Izard et al.，2001；Trentacosta，Izard，Mostow，& Fine，2006），换言之，识别情绪的能力可以改善这些功能。如果学生在识别自身情绪方面有困难，那么很难使用策略去管理自己的情绪，往往也得不到同龄人和教师的喜爱（Denham & Weissberg, 2004）。大多数社会与情绪学习课程都是从情绪识别原理这一基础技能开始的，我们觉得这是一个很好的起点。还有两个关键点需要注意，即监控教学进度和在校园生活中提供练习机会，这能够让学生稳步掌握这些概念和技能，不至于疲于应付或灰心丧气。学生需要抓住每一个机会去练习情绪识别，并有意识地体验在快乐、悲伤、愤怒、沮丧、恐惧和尴尬时自己身体的感觉，这样他们就能学会如何识别“早期预警信号”，并进入下一个技能水平——情绪管理。这里我们讲的是正式教学以外的技能练习，后面会继续讨论这个问题。

患有孤独症谱系障碍的学生

患有孤独症谱系障碍（autism spectrum disorders, ASD）的儿童青少年在学习社会与情绪学习材料时可能会遇到其他问题。孤独症谱系障碍的诊断中有一部分就是关于社交和沟通技能方面的缺陷，这使得社会与情绪学习对这些学生来说变得更加重要，但同时也是一个独特的挑战。此外，孤独症谱系障碍的诊断也涉及智力和交流方面的功能。有些学生可能言语能力很强，但很难注意到非言语线索，或者无法联系身体感觉识别自己的情绪感受；有些学生则因智力发育迟缓和语言表达能力不足而有严重障碍。这些功能上的巨大差异会使针对患有孤独症谱系障碍的学生的社会与情绪学习系统课程项目变得更加复杂。

虽然研究者对孤独症儿童的社会和情绪特征有越来越多的了解，对孤独症谱系障碍的识别也越来越准确，但针对这些缺陷的干预水平没有跟上。研究者和实践者一直在探索孤独症谱系障碍患者如何感知情绪，或者更具体地说，为什么他们感知情绪那么困难（参见 Gross，2004 的详细讨论）。我们与许多教师、语言治疗师和心理健康专家合作过，他们尝试将社会和情绪技能训练整合到这些学生的日常课程中，而针对患有孤独症谱系障碍的学生的社会与情绪学习项目还有很大发展空间。以社会技能课程为例，研究者正尝试将学术研究进展转化为可行的干预方案。向孤独症儿童教授社会技能需要密集和重复的指导（Baron-Cohen & Bolton，1993），然而涉及在学校环境中有效进行团体指导的研究相当有限（Kroeger，Schultz，& Newsom，2007）。一项研究考察了这个问题，研究者以团体指导的形式，通过视频榜样技术教授孤独症儿童社会技能（Kroeger et al.，2007），并证明在这种团体形式下密集、重复的技能训练如何提高儿童的社会技能，且得到家长的认可。我们建议，未来要想推动针对患有孤独症谱系障碍的学生的社会与情绪学习工作，不仅要继续研究特定项目的有效性，而且应该制定社会与情绪学习项目规划指引，针对不同年级和发展水平的学生规划项目实施，同时考虑学校支持的需求、战略规划和项目可持续性的目标。

修订项目的一般原则

无论针对什么群体修订哪个项目，最实用的一种方法可能就是基于行为强化原理——只要能促进学生参与并认真听课，学习并实践概念，将所学内容应用于日常生活，就将项目朝着这个方向修订。针对有学习问题和/或行为问题的学生修订社会与情绪学习课程时，这种方法也是有用的。在课程修订过程中，需要考虑授课速度和一节课的材料容量，因为学生通常需要快节奏、重复的指导，这样可以有频繁的课间休息，而且能在一个概念上投入较多时间。此外，还需要通过强化物来激励与学习相关的行为（如出勤、课堂参与、保持注意力和学校表现），这样能够提高这些行为的频率，使学生表现更好，而且让学习变得有趣！对学生来说，最重要的是能在每天的学习和生活中获得成功和快乐，社会与情绪学习教学就是成功和快乐的最佳来源。你可以对当前的课堂管理策略作简单修订，增加强化比例，丰富强化物类型（比如学生可以选择一个特别的活动、结束一项不喜欢的任务、获得团体胜利），这是一种相对容易的修订方式。

总之，只要你牢记预防和干预的主要目标——通过有效的教学原理，让学生在适合其发展阶段的基础上学习社会与情绪技能，并通过行为强化策略，提升学生对社会与情绪学习的参与度和投入度——针对特定学生群体的项目修订就会非常明确。我们必须再次强调，有时项目的修订方向可能在正式研究中没有讨论过，你可以和学校团队合作制定一个计划，持续关注有哪些经过实证研究的项目适用于你的工作，也可以定期浏览文献和项目目录，看看有没有新的、经过验证的社会与情绪学习课程适合有特殊需要的学生。随着技术的进步，本书出版后肯定会有这样的课程出现。

本章小结

第三章概述了启动社会与情绪学习项目需要考虑的基本内容，特别强调了一些可以帮你开个好头的注意事项。当你规划实施一个新的或现有的项目时，这些内容极为重要。就像上完一节社会与情绪学习课后我们会总结要点，本章要点总结如下：

- 事先准备是关键。准备好材料，提前了解材料，了解不熟悉的概念，并估计需要多长时间来计划和实施课程的各项内容。
- 考虑从其他专业人士的培训或咨询中获得额外支持，或者找到一位值得信赖的同事对你的表现进行反馈。这个过程会帮你打磨技能，并告诉你未来需要调整哪些方面。你还可以通过这个过程测量项目的执行情况。
- 激励学生。你可以使用现有的学校行为管理策略，创建一个补充计划，提升学生对课程的参与度和投入度。
- 与学校同事合作，想办法将家庭纳入社会与情绪学习项目。用现有的方法让监护人了解学生的进展（如家长会），并通过讨论发掘新方法，让那些能够从家校联系中获益但又不太愿意和学校打交道的家庭更多地参与进来。
- 修订社会与情绪学习项目，使其适应特殊人群的需要。记住要时时更新适用于这些学生的教学技术，这有助于课程修订。所有学生都可以从社会与情绪学习中受益！

工作表 3-1 社会与情绪学习教学准备进阶版：简易检查清单

获取必要的材料

- ☐ 拥有项目手册
- ☐ 事先了解需要哪些材料
- ☐ 课件、投影仪等

了解内容

- ☐ 阅读项目手册
- ☐ 熟悉材料
- ☐ 通过可靠的网络资源或书面材料评估额外信息

为项目准备和实施作时间规划

- ☐ 列出准备和实施每一节课或每个活动所要完成的任务
- ☐ 估计每项任务所需的时间
- ☐ 记录每项任务实际用的时间
- ☐ 根据时间要求调整规划

技术支持：培训、咨询和反馈

- ☐ 确认是否预留了社会与情绪学习的培训时间
- ☐ 考察可能提供培训的资源
- ☐ 确认有没有内部员工愿意或有资格提供培训和/或持续的咨询
- ☐ 教师是否愿意获得表现反馈，如果愿意，那么谁能帮忙开展这项工作

测量进展

- ☐ 确认能够监控学生进展的评估方法（详见第七章）

行为管理

- ☐ 促进积极的关系和沟通
- ☐ 你的学校有没有使用全校范围的行为管理系统
- ☐ 找到其他可以提高学生参与度的强化物

第四章

利用社会与情绪学习促进课业学习

本章引言和概述

在之前的章节中，我们介绍了多个社会与情绪学习项目，说明了如何选择一个适合你的学校及其需求的项目，也为如何精准实施这些项目提供了一些建议，并让读者理解在执行过程中有必要对项目进行灵活的修订。希望你在了解这些内容后愿意选择这些项目，在学校和其他组织中开始推行社会与情绪学习，因为实证证据清楚表明，社会与情绪学习不仅有助于学生的社会与情绪发展，而且能提升他们的学业发展和表现。

社会、情绪与学业功能之间的联系有逻辑可循，且得到很多研究的支持。对社会与情绪发展的关注能促进积极的学业表现。

我们非常清楚“推销”社会与情绪学习会面临哪些挑战。在全体教职工会议上，在休息室吃午餐时，或在案例咨询中，我们花费了非常多时间去推广社会与情绪学习，这些努力都表明在学校环境中实施社会与情绪学习仍然面临巨大的阻碍。这些阻碍背后的很多原因都合情合理：在学业问责制的时代，教师身上往往承担大量不可逃避的责任。当我们考虑如何将社会与情绪学习融入现有的学校文化时，会遭遇很多怀疑，这些怀疑很常见，也很容易理解，比如："在一整天的学校活动中还能抽出时间来关注社会与情绪学习吗?""为什么这是学校的责任?""我必须以课业为重，不能保证自己关注社会与情绪发展。""这难道不是家庭的责任吗?"鉴于这些合理的怀疑，我们断言：只有在有充分证据显示，社会和情绪技能确实与学业表现相关，社会与情绪学习方案可以被有效纳入学校工作并会对学业表现起到积极作用，而且教育工作者都广泛了解并接受这样的结论时，社会与情绪学习才会完全成为主流的教育优先项。目前，研究正不断为这一断言提供证据，有意义的研究和应用方向可以考虑如何将社会与情绪学习有效融入学校工作，为其提供一张路线图和技术支持。

本章关注社会和情绪技能如何影响学业表现，积极的社会与情绪发展如何影响并提高学业水平，以及社会与情绪学习策略如何有机且高效地融入学校的学习生活。从直觉上来说，社会和情绪技能与学业表现之间的关系肯定是有意义的。结合下列情景，思考这些年来你所教的学生，以及他们在课堂上表现出的社会、情绪和学业技能。

情景一

玛雅是你班里的一名三年级学生。现在是十一月，下周要开家长会。你对玛雅有一些担心，尽管还不能非常确定问题所在，但你想和她的父母谈谈。她的身体和智力发育看起来至少处于平均水平（比如，她走路、跑步和其他同学一样，字迹清晰、整洁，能够理解所有课程的教学内容）。问题在于玛雅太安静了，从不举手提问，也不回答问题，你和她说话时几乎没有眼神交流。在家长会上，你了解到玛雅在社区青年交响乐团里很活跃，在家中也很健谈。当你问玛雅的父母是否了解孩子对学校有什么感受，他们回答不清楚……他们在家中一般不谈论自己的感受。

情景二

今年，你带的是一个特别麻烦的五年级班级。预算持续缩减，而班里的学生却持续增加。你注意到，有几个学生几乎每天都很生气和恼怒，而且对他人很不友好。你尝试刻意忽略他们的行为，但无济于事，问题甚至更加严重，因为班上其他同学也开始被惹恼。你感觉班里的气氛变得"有些疯狂"，或者至少比你期望的要差很多。你不得不花更多时间去解决学生的不良态度问题，因此担心没有精力帮他们准备应对即将到来的全州/全国大考（大型标准化测验）……在这个节骨眼上，学生好像学不进东西了，是这样吗？

情景三

你在一所新的政府特许学校（charter school）①担任二年级某个班级的教师。你对新同学约瑟有些担心，他有很大潜力，很讨人

---

① 政府特许学校（charter school）是美国州政府在常规公共教育体系之外特许的中小学水平的教育机构，相比一般州立中小学，特许学校需要遵守的规定更少。——译者注

喜欢，但有一些发展方面的问题，其他同学也能注意到。在午休时间和游戏区，你注意到约瑟总是一个人，班级同学离他很近，完全可以和他讲话或邀请他一起玩，然而大家没有这么做。于是，你担心班上某个领头者会开始嘲笑约瑟，并鼓动其他孩子也这样做。你希望能通过一些方法教会学生了解个体差异，尊重他人并建立友谊。目前，约瑟在班级里还好，但你做过中学教师，见识过某些学生对有缺陷的学生多么刻薄，当时要是能早点教会他们这些技能就好了！你担心约瑟可能会不喜欢学校，只能挣扎着勉强毕业，而且无法充分发挥他的潜能。

社会与情绪学习同学业之间的联系

上述三个情景展示了现实生活中的一些情况，但它们只是你在教学生涯中可能经历或看到的一隅。许多学生的社会和情绪问题会显著影响他们在课堂上的注意力、完成和上交作业的情况，以及能否与同学和谐相处并交到朋友。想一下你曾将多少有纪律问题、学业落后，以及在社会和情绪功能方面存在问题的学生转介给心理专家。根据特殊教育法，心理问题或障碍的一个重要诊断标准是在某项功能上存在某种缺陷，涉及日常活动、家庭和学校人际关系，以及/或者学业表现。在成年人看来，这种障碍非常明显——能直接告诉他们，有些学生存在潜在的问题，会阻碍其在教育环境中获得成功。

社会与情绪学习影响学业表现的证据

大量研究证明，社会与情绪发展同学业表现之间存在联系

(e.g., Catalano, Berglund, Ryan, Lonczak, & Hawkins, 2002; Durlak & Weissberg, 2007; Greenberg et al., 2001),并揭示了社会与情绪学习如何提升学生的课业学习(Zins, Weissberg, et al., 2004)。我们以情绪调节能力不佳的学生为例,说明这些研究结果的实际应用。情绪调节不佳会阻碍很多重要的认知过程,包括对教师指令的注意、对关键概念的记忆、对作业任务的计划,即注意维持、记忆和计划等能力(Blair, 2002)。在年幼儿童群体中,情绪调节与学业表现之间的联系得到充分证明(见 Howse, Calkins, Anastopoulos, Keane, & Shelton, 2003; Martin, Drew, Gaddis, & Moseley, 1988)。一项研究发现,在幼儿园阶段,(根据家长报告)在情绪调节方面存在问题的孩子会有更多学习问题,效率更低,完成任务的准确率更低(Graziano, Reavis, Keane, & Calkins, 2007)。这项研究针对的是年幼儿童,说明学业表现会受到情绪和行为技能的影响。在中高年级,因难以管理消极情绪而更具攻击性的学生后续也会在课业学习上出现问题(Kuhl & Kraska, 1989)。某些青少年的情绪调节问题表现为长期感到悲伤、无望和疲惫,这些问题往往伴随着外显行为,告诉别人他们在某些方面出了问题:一个孩子可能早上起不来,无法持续专注于上课并打瞌睡,没精神去完成必要的课程作业。当然,我们必须考虑这些情形究竟何为因、何为果,许多有学习问题的学生同时经受着持续的挫折、失望和人际问题,如果学生主要在情绪调节方面存在技能缺陷,那么这个问题可能会导致行为管理问题,以及后续注意力和课业表现方面的问题。

既然有社会和情绪技能缺陷的学生可能会出现学业表现不佳的情况，那么我们怎么确定将社会与情绪学习策略性地纳入学校工作，能对所有学生的社会、情绪和学业生活起到积极作用。研究文献可以告诉我们答案。第二章介绍了多个社会与情绪学习项目的相关研究要点，你可能已经注意到，社会、情绪和学业领域的研究涉及面非常广，而且通过多种方法测量，包括学生自我报告、学生在学业任务上的表现、教师和家长的报告、对学生的观察。你甚至可能参与过类似的研究，这些文献中也有你的贡献。社会与情绪学习工作最主要的目标之一是，使这些项目适用于所有学生，而不仅仅是那些需要额外支持的学生，这意味着普通学生也能在学校学习环境中接触社会与情绪学习项目。

然而，一个项目不可能在所有社会、情绪和学业领域都产生积极影响，这不仅是因为特定社会与情绪学习项目涵盖的范围有限，而且是因为针对项目的研究在资源和时间有限的条件下所能评估的效果有限。例如，第二步：暴力预防课程是一个暴力预防项目，因此相应的研究通常是评估该项目能否增加亲社会行为并减少反社会行为。这个项目不是以增强学生的学习动机为主要目的，尽管这可能是一个附带的积极结果。表 4－1 总结了第二章介绍的社会与情绪学习项目研究涉及的社会、情绪和学业领域，跨度很大，向我们揭示了社会与情绪学习项目能够发挥积极作用的领域的深度和广度。

表 4－1　精选社会与情绪学习项目研究涉及的社会、情绪和学业领域总结

影　响　的　领　域	社会与情绪学习项目
冲动性 亲社会行为（关心和分享）	我能解决问题
成就动机 享受学校生活 冲突解决技能 共情和利他	关爱的学校社区
组织和学习技能 注意 目标设定 理解社会和情绪情境 忍受挫折 悲伤和破坏性行为	促进多角度思维策略
对学校和家庭的依恋 停学和退学 社会互动和适龄行为	培养健康儿童
观点采择 问题解决 社会攻击性行为	第二步：暴力预防课程
对健康的社会情绪行为的认识 学生报告的社会情绪资本和心理韧性 同伴关系 使用社会与情绪学习项目的学生和教师社会效度	强健儿童
亲社会行为 反社会行为	社会决策/社会问题解决

评估社会与情绪学习项目的效果

很多研究想考察社会与情绪学习项目对学业表现的影响程度和机制。恰当评估社会与情绪学习项目的主要障碍之一是测量方法有难度，本章由于篇幅所限，无法详尽论述这个问题的复杂性。测量的一个难点在于，如何确定测量的准确性。比如，同样是用字母等级对作业、小测验和考试进行打分，结果会随着不同的教师、年级、学校和地区发生变化。同样一个等级“B”，由于不同地方的标准与期望不同，其含义也不一样。那么，标准化测验呢？比如，可以个人（正接受教育评估的学生）或团体施测的全州性测验。个人成就测验的施测时间长，成本往往非常高，而且标准化测验的局限性很多。比如，这些测验通常几年进行一次，频率太低，显然无法用于监测学生的进展。此外，许多社会与情绪学习项目往往是针对所有学生而普遍使用的，即所有学生会得到相同的指导，而不是根据他们的风险程度接受特定指导。在一个班级的 30 名学生中，可能有一部分表现出了你所担心的社会和情绪症状，大部分学生则处于正常功能范围内，此时对行为变化的测量就很困难。很多项目的目的其实类似于接种疫苗，健康的学生能够掌握一些信息和技能，直接用于应对未来生活中不可避免的应激源。因此，很多研究正纵向或长期追踪一个项目对学生的社会、情绪和学业健康的影响。比如，参加社会与情绪学习项目后，学生在多大程度上仍能保持情绪健康并坚持求学，这些问题是项目有效性研究的重要内容，培养健康儿童项目就是用这个模型来研究项目长期有效性的范例。

> 社会与情绪学习的精神在于惠及所有学生，而且在长时间内逐步提供适量信息，在不可避免的应激源出现时发挥作用。

社会与情绪学习的成分之一——师生关系的影响

除了会对社会、情绪和学业发展及表现产生影响，在学校环境中社会与情绪学习项目也和师生关系有直接联系。具体来说，学生对学校环境适应不良，以及在情绪调节方面的缺陷会对师生关系产生负面影响(e.g., Pianta & Stuhlman, 2004)。温暖、低冲突和充满鼓励的师生关系则可以带来积极影响，比如使幼儿园的孩子在课堂上更多表现出恰当行为。为了促进这些有助于建立良好关系的行为，教师和学生都需要具备一些基本的社会技能(Graziano et al., 2007)。例如，在课堂上，当教师讲课时，学生应该看着教师而不是讲话，以此来表明他们正在认真听讲，作出了恰当行为。再如，如果一个学生在课堂上不停地交谈或查看邮件、短信，教师可能会觉得他/她不尊重自己而感到恼火。毫无疑问，我们通过文献和个人常识都能知道，在与行为不当的学生交流时，学校教师不太愿意表现出温暖和鼓励(Coie & Koeppl, 1990)。学校教师是成年人和专业人员，但也是普通人，当他们付出温暖和鼓励却不一定能得到回报时，即使面对的是年幼的孩子，他们也很难将这些付出维系下去。相信很多读者的课堂上也会有一些社会和情绪行为不良的学生，既然知道对他们的教育效果可能受到师生关系的直接影响，那么首先要坦率地承认这一点并进行策略性的干预，这是促进积极发展的第一步。

综上所述，在一个看重并努力培养积极的师生关系的学校环境中，社会与情绪学习项目能够发挥强大的作用，学生不仅可以学习和练习社会与情绪技能，增强竞争力，而且能对学校形成积极的依恋，在学业上表现优异。没有优质环境同社会与情绪学习项目的结合，这些恐怕很难实现(Greenberg et al.，2003)。

应用社会与情绪学习提高学业成绩

仔细观察表 4－1 就会注意到，我们选出来的这七个社会与情绪学习项目广泛涉及各种社会、情绪和学业领域。回想一下这些领域与一般的学业水平指标的关系，这些指标包括按时上学、认真听课、按时完成作业、表现出特定的能力和技能、记住所学的知识并完成测验和考试。可以想象，社会、情绪和学业领域中的任何缺陷都可能给学生带来麻烦。这些领域可以分为三个主要类别，即学生对学校的态度、在学校的行为、学业表现，每个类别都对学生的成功至关重要(Zins，Payton，Weissberg，& Utne O'Brien，2007)。当然，一个项目不能涵盖所有需求领域。接下来以前面介绍的一个社会与情绪学习项目为例，看看这个项目如何策略性地将社会与情绪学习直接应用于影响学业表现的领域。

以社会决策/社会问题解决项目(第二章)为例，考虑这个项目如何影响学业表现。学生在这个项目中学习问题解决和社会情绪技能，并在一整天的校园生活中将这些技能应用于各种社会、情绪和学业问题。在这个项目的特别设计下，学生能够很好地学习问题解决和社会情绪技能，尤其在压力情境下也能够发挥自如。这种考虑很有必要，因为我们面临的许多问题都包含对情境本身的想法和感受，例如："我应该怎么做？""如果我没做对会怎么样？""我作不了决定。"经过对社会与情绪概念的反复学习，并在各种情境下持续练习和应用这些概念，学生在应用技能时也会更加得心应手。

学生会学习如何与团队合作，以及认识和调节自己的情绪。这些技能的学习是解决任何问题前的关键一步。想象一下，你正在去往某个重要会议的路上，因为交通堵塞而快迟到了，此时你的心跳越来越快，没有心思再考虑会议讨论的内容，转而开始担心与你约好会面的人会生气，担心对方永远对这件事耿耿于怀！如果你无法第一时间意识到自己的情绪开始变得急躁，那么显然你很难有效地处理这种状况（比如打电话向对方解释），尽最大的可能扭转劣势。但如果你能意识到自己对压力的生理反应（心跳），识别你的情绪（担心）和错误思维（对方永远不会忘记你迟到这件事）呢？这些技能可以让我们（以及我们的学生）采取一些应对策略使自己平静下来，然后积极地解决问题。在初步了解这些技能后，学生会学习用八步法口诀作出决策，包括辨别情绪、发现问题、设定目标、思考解决方案、预判结果、选择最佳方案、计划方案/尝试方案、观察结果。学生通过教师直接的讲授，结合在各种课程（如语文、社会研究）和现实应用中的许多练习机会来学习这些步骤。

将这些技能应用到社会和情绪领域，似乎可以提升学生在学业课程中的表现（Elias & Clabby，1992）。当学生在与他们生活相关的社会、情绪和学业领域使用八步法口诀时，相比于没有使用的学生，他们的语文和社会研究技能有更大的提升。当然，我们也承认这需要更多研究的支持，不仅要继续确认社会与情绪学习项目对学业表现的有效促进作用，而且要确认何种机制能够产生和维持这些积极效果。

在学校生活中整合社会与情绪学习

当学校第一次考虑实施社会与情绪学习项目时，最常见的问题之一是："我们如何将社会与情绪学习有效地融入日常学校生活?"基于我们在小学和初高中的多年实践，我们知道，在学校一天乃至一学年的课程和活动安排都是非常宝贵的，因此要想进行改革，无论改革的前景多么美好，一开始都很难推动。简单地说，我们知道社会与情绪学习的相关知识，知道在时间和物质条件的限制下如何用比较温和、可行的方式来进行教学/咨询/管理，更知道如果启动一些伴随着压力的新项目，我们会暴露哪些个人弱点。考虑到这些典型状况，当你和学校教职工真的开始严肃讨论要开展一些具体的工作，来满足学生的社会和情绪需求时，你可能会看到同事有各种各样的反应。当教育环境的大背景要求教师将学业问责放在第一位，且学生的学业表现与学校获得的资金支持相关联时，对教师来说，去适应一项新的改革，既是一个鼓舞人心的挑战，也是一个令人生畏的障碍。一些学校教师可能会感到很振奋，终于能够系统地满足学生的社会和情绪需求，对他们来说，能够在事关青少年发展的这一关键领域产生直接影响，是他们非常向往的，这也与他们教书育人的使命相匹配。还有一些学校教师则可能完全不知所措，怀疑自己的能力是否能实现这样的计划（毕竟，他们接受的教育和训练并没有完全涵盖这些内容），甚至考虑到还有其他各种事项在与这个计划争夺优先权（如普通教育教学、部分学生的特殊教育需求或 504 配置计划[①]、管理课堂行为、参加个性化教育方案会议、州级测试达标要求，等等），这个改革计划从一开始究竟能不能成立。

将社会与情绪学习概念纳入课业内容的典型做法

> 社会与情绪学习概念可以通过学校日常课程教学遇到的问题整合到学业课程中。有些课程内容，比如语文课上的文学作品呈现的信息，同样可以应用于讨论社会和情绪问题，进而阐释社会与情绪学习概念。

幸运的是，大多数社会与情绪学习项目的设计者认识到了这一困境，并有意识地将促进社会与情绪发展的相关内容同教育工作者和学生的需求相匹配。大多数教育工作者都希望将社会与情绪学习项目的内容有机地整合到日常教学中，比如利用学科课程

① 504 配置计划（504 accommodation plans）以《美国残疾人法案》为指导，主要目标是确保残疾学生或其他有特殊需求的学生能够获得特殊的学习配置，从而改善学业功能。比如，允许有糖尿病的学生在课堂上吃点心，允许有阅读障碍的学生用更长的时间完成作业或考试等。——译者注

的时间和/或内容，结合社会与情绪学习内容举例说明，或者利用校园生活中常常遇到的个人或人际问题来介绍社会与情绪学习内容。以强健儿童课程为例，每节课都设计得很简短，很容易在一个教学环节（如一堂语文课）内完成，教师还可以从学生那里收集相关的真实事例。类似地，社会决策/社会问题解决项目则将问题解决的思维框架（八步法口诀）整合到学业课程的各个方面，这样学生就有机会针对各种情境来练习问题解决策略（Elias，2004）。比如：在语文课上，问题解决的思路可以用来理解书中人物的情感以及他们面临的选择，学生可以通过头脑风暴思考可能的解决方案；在社会研究课上，教师可以要求学生用类似的思维框架讨论历史或时事；在健康课上，学生可以思考生活方式的选择如何影响各种健康因素，并生成一些能够促进身心健康的新选择。关爱的学校社区项目同样使用以活动为主的教学模式，教学生如何识别情绪并使用问题解决技能。比如，教师会挑选一些文学作品，教学生如何识别作品中人物的特定情感，然后使用问题解决策略帮人物作出决定。

要确保学生在社会和情绪方面获得成长，最重要的一点就是让学生能够在各种情境和环境下接触社会与情绪学习指导，而且是明确的指导。为了实现这个目标，许多学校会评估学生群体的特定社会和情绪需求，精心挑选一个社会与情绪学习项目，并在某个年级的所有班级开展这个项目，如果有可能，则会在全校范围内推广这个项目。显然，这种做法的优点在于，学校教师对所教的内容能够达成一致，学生学到的知识也是一样的，这样能够创造一种自然的强化学习环境，在这种环境下学生能够不断练习学到的新的社会和情绪技能，并获得一致的表现反馈，从而促使他们将这些技能应用到日常生活中。

确定将社会与情绪学习整合到学业内容的哪些方面以及如何整合

计划和组织是社会与情绪学习成功融入现有学校文化的关键。要确定该项目能在多大程度上满足学生的需要，以及项目开展如何得到支持和延续。

第二章介绍了如何确定学校的需求，并从各种社会与情绪学习项目中作出选择。第三章讨论了项目准备的具体细节，按照项目的原定设计实施项目，以及在需要的时候如何获得支持。除此之外，还需要仔细考虑在哪个年级开展社会与情绪学习项目，以及将社会与情绪学习融入哪些课业内容是最好的。我们强烈建议你把这些问题也作为需求评估的一部分，并在和学校负责社会与情绪学习项目的计划委员会进行讨论时关注这些问题。要回答“如何才能有效地将社会与情绪学习融入学校的日常生活”这个问题，需要调查多方面的情况，包括当前的教学实践情况和要求，学校教师对社会与情绪学习的兴趣，以及他们是否了解社会与情绪学习在提升学生的社会、情绪和教育功能方面具有的重要性和潜在影响。按照我们的经验，在小学高年级、初中或高中阶段，健康课、语文课和社会研究课是社会与情绪学习项目整合最顺畅的领域。健康课中有一项重要内容是培养情绪心理韧性；语文课的内容通常包括文学作品教学，学生可以讨论和分析作品中人物的情感和行为；社会研究课则包含复杂的国内和国际困境，为学生提升问题解决技能提供了充足的机会。

要将社会与情绪学习项目整合到一天、一周乃至一学年的学校生活中，最突出的难点之一是如何组织过多的现存项目，使其中的逻辑和顺序凸显出来。一所学校常常针对某个年级的某个目标（如社交技能）实施一个社会与情绪学习项目，同时针对另一个年级的另一个目标（如问题解决技能）实施另一个社会与情绪学习项目。与此同时，同属一个学区的另一所小学则选择在所有年级实施一个性格教育项目，但不同班级采用不同等级的项目。

为什么我们要关注这个问题？相信本书的读者中有很多人在美国的学校系统工作，你们的学生来自各种不同母语的家庭。最近，本书作者之一（肯尼思·W.梅里尔）在南加利福尼亚州的一所中学工作，那里的学生和/或他们的家庭所说的母语有 20 多种。对这些母语非英语的学生来说，这种情况可以被看作一个丰富教育内容和促进个人成长的绝佳机会，作为英语学习者（或在类似的标签下），他们会经常获得英语指导和支持。为什么这么说呢？主要是因为在学校中学生一般都需要用英语来完成各项学习任务，这样他们就能专门在英语能力上获得持续的指导。试想，如果学校里的科学课用俄语、数学课用西班牙语、社会研究课用德语、艺术和音乐课用汉语、语文课用英语，学生就会感到很困扰——他们会接受好几种语言的指导！就像上述多元文化学习环境中蕴含的丰富性，社会与情绪学习项目中也存在一些互补的成分，它们可能关注社会和情绪发展的不同领域（如暴力预防、友谊建立、问题解决、压力管理），但都在同一个框架下——社会与情绪学习！

实施社会与情绪学习项目和普通的课程教学很类似，需要对各种社会和情绪概念（项目）进行系统性组织和策略性协调，而且由于学生和教师从幼儿园到高中整个阶段都使用相同的社会和情绪“语言”，因此能够最高效地传授这些内容。考虑如何在学校和学区协调社会与情绪学习教学时，需要解决以下问题：

1. 你所在的学校或学区是否进行了需求评估？评估结果会告诉你目前正在实施的项目类型，哪些项目有用，哪些项目没用，以及你所在的学校或学区是否应该剔除不必要的或无效的项目，把重点放在必需的和最有潜力发挥作用的项目上。

2. 你应该考虑每个班级、学校和学区的需要。最好一个学区的所有学校都能“在一个频道上”。就像开设一门阅读课时大家要阅读同种语言的材料，引入社会与情绪学习项目时，如果各个学校能选择类似的项目——使用同种“语言”，那么在提供整体支持和测量项目效果时会更高效。

3. 可能有很多社会与情绪学习项目，有些项目你的学校正在使用，有些项目则被束之高阁；有些项目很受欢迎，而且会按照其原本的设计来实施，有些项目在实施的时候则“东家借一点，西家用一些”；还有一些项目完全被抛弃了，要么是因为没用，要么是因为虽然潜力很大，但在资金、资源或态度方面没有足够的支持。实施项目需要考虑的三个重要因素包括：

- 项目在多大程度上得到实证支持？
- 项目与需求评估确定的需求以及目标之间的匹配程度如何？
- 你的学校除了支持项目实施，在多大程度上能够帮助维持项目的开展？

综上所述，在实施社会与情绪学习项目时，最重要的一点是认真考虑如何组织和协调项目，这样能够使不同的班级和年级用类似的方式学习相关内容，从而增加学生练习这些概念的机会，进而将这些技能应用到其他生活情境中。你会发现，这些工作会简化流程，减少你在与目标无关的活动上花费的时间和资源。

在学生家中和社区推广社会与情绪学习

除了在教室、走廊、食堂、校车和游戏区练习社会与情绪学习技能，如果学生有机会在其他地方（比如在家中）练习，那么他们学习的深度和广度可能会更大。要做到这一点，学生的照看者必须对基本的社会和情绪概念有所了解。对某些照看者来说，经常和孩子谈论感受，在问题出现时帮忙解决是他们的第二天性。但我们想说，绝大多数照看者很难得会去了解或理解社会与情绪学习概念，更不用说娴熟自如地有效应用这些概念。想一下你自己学习和使用社会与情绪概念的经验，也许你在家中或者学校有一个很好的成人榜样——有这样的基础就太好了！然而，大多数成年人并没有接受过社会和情绪方面的指导，因而如果和孩子谈论这些问题，他们通常会感到不舒服和力不从心。只有在问题出现时，或者参与一个具体的干预活动（如个人或夫妻治疗）时，照看者才有机会作为榜样，向孩子展示这些技能。

学校已经认识到家长参与的重要性，我们在第三章讨论了家庭参与的重要性。鼓励家庭参与不仅仅是为了了解社区和家庭成员，实际上只要给照看者提供一些有关课堂或学校整体使用社会与情绪学习的简要信息，就可以使他们成为社会与情绪学习工作的一部分。向照看者提供信息并确保他们能使用这些信息，这是一项极有前景的工作，但不可否认会面临巨大的困难，不管怎样，这都是一个很好的开始。

如何让社区参与学校系统呢？最直接的方法可能就是开展一些普通的对外宣传活动——面向家长的新闻资讯、当地报纸上关于学校改革的文章、开放参观日、向教育董事会报告、参加常规社区活动时谈论相关话题。教育和心理健康专业人员是面向社区的宣传大使：他们是自身职业的代言人，分享和宣传的机会往往比想象的要多得多。我们也相信，对于社区里其他一些与我们的学生有直接联系的成员，如果他们有志于协同照护社区里的儿童，那么对他们开展一些普及教育非常重要。例如，一些学生会约见社区心理健康专业人员，如心理学家、精神病学家、咨询师和临床社会工作者，直接从他们那里获得个人服务。这些专业人员对青少年开展的许多治疗都基于社会与情绪学习的相关原则，如识别情绪、压力管理、问题解决、学会与他人相处、理解他人感受、目标设定和进展评估。如果这些专业人员了解学校正在开展的社会与情绪学习项目，那么这通常会对他们有所帮助：当他们“在一个频道上”工作时，使用的语言往往是相同或相近的。如果一个社区的相关专业人员开始了解学校是否正在开展社会与情绪学习项目，并寻求与这些工作协调（反之，从学校到社区亦然），这就是社会与情绪学习工作进展的一个可喜指标。总之，我们应该争取更多使用共通的语言，争取更多实践机会，帮助学生在生活的各个方面整合社会和情绪概念。

> 将社会与情绪学习工作渗透到社区，让与学生生活紧密关联的社区成员也能接触，这样可以强化社会与情绪学习。只要医生、心理学家、社会工作者、学前教师、日托服务人员和社区其他成员知道学校正在开展社会与情绪学习项目，并支持其持续开展，就可以促进学生的社会与情绪发展。

本章小结

本章重点阐述了社会和情绪功能与学业表现之间的联系。虽然大多数学校专业人员不会否认这一说法，但最大的困难是如何有效地利用这种联系为我们的工作服务。幸运的是，人们对如何将社会与情绪学习融入学校日常课程这一问题的理解正逐渐加深。目前，在学校环境中进行指导是最可行的方案。在这类教学中，将良好的教学与心理教育原理结合起来是成功的可靠途径。未来的挑战包括继续寻找资金和支持性资源以维持并完善这些工作，以及将照看者和社区工作人员纳入这些工作，使学生在所有情境下都能接触并实践这些概念。工作表 4－1 是一个实用工具，可以帮助你规划在学校更好地整合社会与情绪学习和学业内容，识别社会与情绪学习和课业教学之间的自然联系，并通过讨论揭示社会与情绪学习同学业表现之间不那么明显的联系。

应用场景：一位小学教师的经历

布朗女士是市区某学校的一位三年级教师，她已经执教 20 多年。她所在的学校参与了州议会的一项新举措，该举措要求学校开展社会与情绪学习工作。为此，学校成立了一个委员会，以评估学校建设的需求，并确定如何以最佳方式应对这一项新举措。在过去的一年里，布朗女士一直在委员会工作。学校面临的难题之一是决定采用哪个项目，目前委员会已经决定采用旨在帮助低年级学生培养心理弹性的项目。在教学生涯中，布朗女士看到各种项目在学校来来去去，而她会选用一些自己喜欢并觉得对学生有用的内容。布朗女士期待会有一个项目，能够提供明确的材料，并就如何在几个年级水平上协同开展项目给出建议。

这个学区分配的资源仅能为一个项目提供支持，并规定项目要包含培训和相关服务。所选的项目可在幼儿园至三年级使用，教师有专门的工作时间做好准备工作。尽管很难达成共识，但教师最终决定在社会研究课或公民课的教学时间内实施这个项目，在一个学年中每周开展一次。他们作出这个决定是因为，需求评估的结果表明，学生在问题解决能力方面需要帮助，而选择的课程时间最便于教师灵活设置相关活动。除了决定在哪个教学时间实施这个项目，教师还决定优先关注以下三点：

1. 委员会主席将与该学区的相关人士讨论，确定一个方法来衡量该项目是否对学生的问题解决能力产生了影响。

2. 教师和支持人员每个月开两次组会，讨论现有问题、关心的情况和解决方案，以便参与人员能感受到支持，并自由地谈论这个新项目。工作人员将与行政人员协商空余时间，以小组形式开会，每月不超过 1 小时。

3. 开展项目的团队承诺使用该方案一年，并在结束后给出报告，评估学生的进步和学校人员对该方案的意见，讨论家庭可以用何种方式参与工作。

布朗女士对这个计划感到满意，并表明第一次开展这个项目时不一定要尽善尽美，她的同事也下定决心要试一试。她感觉自己有希望参与一个组织和协调良好的社会与情绪学习项目。

应用场景：一位中学校长的经历

加莱戈斯先生是郊区一所中学的校长，也是当地一个委员会的成员，该委员会致力于在整个学区推广社会与情绪学习。加莱戈斯先生感到压力特别大，无法想象一个新项目将如何融入中学校园。此外，在过去10年间，学校已经采用其他几个项目，而且刚刚采用积极行为干预和支持来帮助改善学校氛围和学生行为。所幸，学区管理人员已经认识到启动新项目可能带来的重大影响，并批准为学校教职工提供专门的时间来启动和运行这个新项目。

加莱戈斯先生所在的学校成立了一个执行委员会，查阅了在学区需求评估中得到的数据。报告结果很明确：中学教师正被学科教学、学生评分和州级考试的准备工作淹没。与此同时，学校的体育项目则由一位新加入但经验丰富的教师发展壮大，这位教师(奥谢女士)表示有兴趣参与社会与情绪学习项目，因为她的专业方向正好与身心健康相关。奥谢女士自告奋勇在她的健康课上引入社会与情绪学习项目，并强烈建议以某种形式将社会与情绪学习概念融入其他教学时间、教室外的走廊和体育场。执行委员会讨论了很长一段时间，决定利用他们获得的一些额外空闲时间，在一学年中每月进行一次45分钟的进展沟通。学校心理教师、校长和体育教师轮流报告当月与教学主题相关的内容，并分享一些有用的建议，帮助在学校环境中强化这些教学内容。

工作表 4-1　在课堂上整合社会与情绪和课业学习的工作表

社会与情绪学习项目名称/课程名称：________________________

本节课关键的社会与情绪学习技能：________________________

本节课主要概念：________________________

所需材料：________________________

此社会与情绪学习课程/活动中特别包含的学业技能：

☐ 阅读　☐ 书面语言　☐ 数学　☐ 社会研究

☐ 科学　☐ 技术　☐ 健康/生理教育

☐ 其他________________________

此社会与情绪学习课程/活动中没有特别包含，但经过细微调整能够整合的学业技能：

☐ 阅读　☐ 书面语言　☐ 数学　☐ 社会研究

☐ 科学　☐ 技术　☐ 健康/生理教育

☐ 其他________________________

将学业技能整合到正式的社会与情绪学习教学中，我计划：

____

____

____

通过补充活动（课后作业、实践、给学生的反馈、榜样、示例等）将学业技能整合到社会与情绪学习教学中，我计划：

____

____

____

第五章

一种方法不能解决所有问题：调整社会与情绪学习以应用于多元文化世界[①]

本章引言和概述

或许这只是一个巧合，但是在文化和语言多样性的情况下，现在的青少年面临着非常多未经处理的社会情绪问题，以至于笔者（萨拉・卡斯特罗-奥利沃）几乎每天都会听到新的案例。准备写本章时，我接到来自得克萨斯州达拉斯的一位社区领导人的电话，当谈到社区许多成员的需要时，她的声音流露出深深的担忧，她提到由于国家移民局势紧张，许多儿童的父母被拘留或被驱逐出境，儿童也受到了很大影响，为此她深受触动。她的担忧很明显：她所在社区的儿童正遭受与家庭分离、贫穷和受到歧视有关的压力，这些儿童似乎没有必要的技能来应对这些毁灭性的情况。她说："似乎没有人准备帮助他们。"

我们知道，上述例子对某些读者来说可能看起来有点极端，但是它在公立学校的许多孩子身上（直接或间接地）发生。学生应对

① 本章作者为萨拉・卡斯特罗-奥利沃（Sara Castro-Olivo）。

这些巨大压力的能力对我们在学校的工作有直接的影响。学生面对的多重压力会影响他们与同学、教师和其他成年人之间的互动。当我们意识到，教师可能是这些儿童和与之接触的许多成年人中唯一能起作用的人，唯一能够为儿童提供一定的心理弹性和应对技能的人，或者至少有一些建议和支持可以让他们看到未来的希望之光的人，教育这些学生的压力（已经非常大）进一步加大了。

不管你对文化和语言多样性的看法如何，我们的观点是绝对不能忽视这样一个事实，即文化和语言多样性背景下的学生往往比来自主流文化的学生受到重大生活压力影响的概率更高。贫困、少数族裔、单亲家庭、邻里关系恶劣、受到歧视、英语水平有限和/或非法移民身份等背景变量结合在一起，往往是许多文化和语言多样性学生所处的现实（U.S. Department of Health and Human Services，2001）。所有这些背景变量都与消极的社会结果联系在一起，例如高辍学率、少女怀孕，以及参与犯罪和/或反社会行为（例如未成年饮酒和参与帮派相关活动）。毫无疑问，在这种负面统计数据中少数族裔青年的构成比例较高，这说明了一个重大的社会问题（Gonzales & Kim，1997）。

我们不能忽视这样一个事实，即作为一个群体，文化和语言多样性的学生往往比来自主流文化的学生更容易受到重大生活压力的影响。

我们该如何帮助这些儿童？如何确保他们能够在日常生活中使用课堂上教授的社会与情绪学习技能？我们怎样才能使自己的

工作更有效率？我们怎样才能成为这些学生的希望之声？如果他们唯一关心的是基本的生存，我们该怎么做？特别是当我们开始思考文化和语言多样性学生面临的众多“极端”情况时，这些问题显得十分棘手。当我意识到，我将和许多处于风险中的年轻人一起工作时，我就会被这些问题困扰，我可能还没有作好充分的准备去帮助他们。如果我无法体会他们的经历，我该怎么办？如果他们认为我可能并不理解他们的情况，我该怎么办？如果他们只因为我的肤色而不信任我，我又该怎么办？在思考了这些几乎无穷无尽的问题之后，我安慰自己：我对自己抛出的这些问题以及展现出来的担忧，也恰恰是我对社会与情绪学习课程在不同文化和环境背景下进行调整适应的第一步。这些问题不断激励着我提升对学生具体需求的认识，我意识到影响学生幸福的社会文化因素是文化干预措施能成功实施的关键。

本章解释了对现有的社会与情绪学习课程进行文化调整的原因及必须注意的事项。我们建议干预者遵循一些步骤，以使社会与情绪学习项目课程包的传递和指导更具文化响应性。当你阅读以下章节时，我们希望你能够明确意识到当前参与这些活动的紧迫性，以便最大限度地发挥社会与情绪学习对文化和语言多样性人群的影响。

对社会与情绪学习项目进行文化调整的理由

本章的主要目的是为读者——计划在多元文化环境中实施

社会与情绪学习项目的人——提供对社会与情绪学习项目适当进行文化调整的理由和建议。必须理解为什么我们应该考虑对现有的基于证据的项目进行文化调整。毕竟，如果你考虑在课堂上实施社会与情绪学习项目，你很可能会关心学生的结果，而且只想进行最佳实践。以下内容的主要目标是描述文化调整对学生产生的结果和这些项目的整体成功可能产生的影响。文化调整不仅仅是遵守专业组织的道德准则，当然这些准则要求我们尊重其他文化的成员并致力于提高文化能力（Association of American Educators，2003；American Psychological Association，2003；National Association of School Psychologists，2000）。作出文化调整是为了增加我们帮助高危和没有得到充分服务的学生的机会，以及所有学生获得积极成果的机会。

当涉及社会和情绪以及其他以人为中心的干预时，我们强调一种方法并不适用于所有人。文化很重要！我们的学生按照前几代人（文化先辈）教他们的东西生活、感知、解释和表现（Nasir & Hand，2006）。对现有的社会与情绪学习项目进行文化调整，不仅能够让我们通过表明对不同文化背景人群的关心和理解来参与文化敏感性的实践，而且能够使材料更易于获取，更适合不同背景的学生。从某种意义上说，对现有的课程进行文化调整时，我们正在寻找利用学生先前的知识来最大化他们获得新技能的机会。利用先前的知识，学生可以以更有效的方式来识别、掌握、记忆和概括新信息（Beier & Ackerman，2005）。在传递社会与情绪学习项目时，使用这种教学理念非常重要。毕竟，社会与情绪学习的主要目标是为学生提供所需的社会和情绪技能，使他们能够成功地驾驭/适应日常生活环境。因此，学生必须有机会以一种符合他们文化现实的方式内化和掌握这些技能，如果我们的学生无法将传授给他们的技能与自己的生活联系起来，那么我们在课堂上传授给他们的技能很可能只留在课堂，而无法推广到其他情境（例如社区、家庭以及与同龄人的互动）。

对社会与情绪学习进行谨慎、适当的文化调整，不仅仅是为了遵守道德准则，这些准则要求我们尊重其他文化的成员并致力于提高文化能力，增加我们帮助高危群体和没有得到充分服务的学生的机会。

现在，你可能想知道本章对于你的重要性，在高度多样化环境中工作的人可能会发现，他们更容易将本章总结的信息与自己的实践相对应。即使在同质环境中工作的人，也可能已经注意到学校里的多样性在迅速发展，这就要求我们在与学生交流的方式上作出一些改变。在这一点上，如果你的国家的大部分地区有不止一种代表性文化，你就会发现本章提供的信息有重大意义。鉴于全球经济和政治压力的严峻现实，文化和语言多样性的家庭发现，有必要搬到有更多就业机会、更健康的社区，以及更好的住房条件的地区来抚养孩子。这种国内“移民”或者来自其他国家的移民使历史上同质的学校变得越来越多样化。

即使你们学校不同种族和语言的少数族裔的学生很少或根本没有，我们依然相信世界正在迅速变化，你们很快就会注意到自己所在地区的这些变化，并发现自己正在寻找新的方式与新来的人口联系。下一节回顾了来自不同背景的学生人数增加的最新统计数据。这些统计数据清楚地表明，在某些时候教育家会发现自己不得不考虑对社会与情绪学习以及其他项目进行文化调整，以便更好地影响来自不同文化背景的学生。

社会与情绪学习项目的文化调整：美国学校人文景观的变化

当今美国公立学校的文化和语言多样性比这个国家历史上任何时候都要丰富。与世界其他大多数国家相比，美国始终是一个多元文化的国家，它正经历着前所未有的、持续的多元文化变革。越来越多的非裔学生和英语学习者给这个历史上一直由白人中产阶级领导的领域带来了新的挑战。作为一个日益多样化的社会的一部分，教育工作者需要意识到文化在学生的认知、感知和行为中所起的作用。我们可以利用这种认识来制定和实施更有可能带来成功结果的干预措施。接下来会简要介绍我们学校的不同人群，以及学生心理健康问题的普遍程度，并提供适当的服务。

对我们这些在过去几十年里参与美国学校体系的人（作为教育工作者和/或学生）来说，学校的多样性显然在迅速增强。在一所学校里，我们可以看到很大比例的来自不同种族、语言、宗教、性取向和/或社会经济背景的学生，更不用说这仅仅是多样化的几种类型。我们仅在种族方面就能发现巨大的多样性。通过比较 20 世纪 80 年代末就读公立学校的少数族裔学生与现在就读的少数族裔学生的比例，我们可以看到学校的多样化进程有多快。例如，20 世纪 80 年代后期，美国学校的人口中白人占 70%，非裔美国人占 16%，西班牙裔占 10%，亚裔占 3%，其他族裔占 1%。20 多年后，我们可以看到白人学生的比例有所下降的同时，其他种族群体的比例显著上升。2008 年，美国教育部（通过国家教育统计中心）发布了一份报告，该报告显示少数族裔学生占学校总人口的 40% 以上。白人仍然占全部学校人口的大多数，目前大约占 59%。西班牙裔美国人占 19%，非裔美国人占 17%，亚裔和/或其他族裔占全国公立学校学生人数的 4%（National Center for Educational Statistics，2008a）。

随着种族和语言多样性的增加，教育规划也需要更好地适应日益变化的人口结构。学生中英语学习者的人数已经大大增加。公立学校 11%以上的学生接受英语学习服务，请注意这一统计数据并不包括主要语言或熟练语言不是英语，也没有接受英语学习服务的学生。英语学习者通常不接受英语语言发展服务，因为他们的学校没有提供这些服务（有限的服务只提供给有强烈需求的人，或由于一些州在政策规定方面作出了限制），或者他们的父母拒绝接受这种服务。在某些州，这种多样性更加明显。例如，在加利福尼亚州，超过 26%就读于 K－12 公立学校的学生获得英语学习者服务(National Center for Educational Statistics，2008a)。教导这些不同语言和文化背景的学生肯定会面临很多挑战。

多年来,我们学校多元化群体的总体人数在统计数据上明显增加。遗憾的是,关于这些人口其他一些统计数据并不一定改变。尽管文化和语言多样性学生的入学率有所提高,但他们在毕业率和荣誉项目上的比例仍然不足。与其他族裔的成员相比,拉丁裔的辍学率最高,其次是非裔美国人和美洲原住民。少数族裔学生不仅仅在辍学率方面,在特殊教育项目上的比例也往往较高,特别是在学习障碍和情绪问题这两个方面(National Center for Educational Statistics，2008b)。少数族裔背景的学生在青少年矫正系统中所占的比例也较高,在整个矫正人口中60%以上的人是少数族裔群体的成员(Bonavita & Fairchild，2001)。

尽管这些少数族裔人口的需求巨大,但很少有干预研究试图改变他们的消极轨迹。在这一点上,我们甚至不能报告对少数族裔青年心理健康问题普遍程度的粗略估计。从历史来看,这些人群在流行病学研究中的全国代表性很差。大多数对少数族裔心理健康问题的研究都集中在成年人身上,几乎完全忽略了儿童青少年(Blanco-Vega，Castro-Olivo，& Merrell，2008；Rumbaut，2004)。少数几项研究调查了少数族裔儿童心理健康问题的普遍程度,但往往采用有问题或不太理想的方法来收集数据。这些研究大多倾向于将有限样本的研究结果过分推广到某一特定种族群体的所有成员中,这意味着一个巨大的局限(Lopez，Edwards，

Pedrotti, Ito, & Rasmussen, 2002)。由于样本的可得性问题，大多数研究通常无法纳入来自不同背景(即不同的社会经济地位、文化适应程度、语言熟练程度等，但是所有这些因素都能很好地预测不同群体之间的差异)的少数族裔青年(Martinez, DeGarmo, & Eddy, 2004; Rumbaut, 2004)。在这一点上，我们只能假设少数族裔青年的心理健康问题的水平(如果不是更高)与白人青年相同(U. S. Department of Health and Human Services, 2001; Gonzales & Kim, 1997)。一些以社区为基础的研究(非全国性数据集)显示，由于少数族裔通常面临多重生活压力，他们出现心理健康问题的风险比主流文化成员高(Gonzales & Kim, 1997; Martinez et al., 2004)。我们可以确定的一个重要信息是，与主流文化成员相比，少数族裔成员获得心理健康服务的机会更少(也更穷)。对其中少数寻求和接受服务的人来说，这些服务的质量通常很低(U.S. Department of Health and Human Services, 2001; Serpell, Clauss-Ehlers, & Lindsey, 2007; Vega & Rumbaut, 1991)。我们认为，少数族裔群体中的成员没能获得更多服务并不是因为，他们没有认识到自己需要帮助或自身存在问题。少数族裔群体中的成员不寻求服务，也许是因为他们已经习惯于认为这种服务与他们的文化价值观和信仰不一致。换句话说，他们可能担心自己的文化价值观和信仰不会受到心理健康服务提供者的尊重。事实上，心理健康服务在这些群体口中往往受到过度“污蔑”，因为他们认为接受心理健康服务会给家庭带来耻辱(Serpell et al., 2007)，如果不向他们提供具有文化影响力的服务，那么只会证实心理健康服务是一种“耻辱”，甚至是无用的。向文化和语言多样性人群提供与他们的文化价值观相一致的方案将产生更好的结果和更高的接受度，因为他们能够注意到自己正在接受的服务与文化背景之间的联系(Lieberman, 1989)。

通常，大多数研究人员和项目开发人员无法将来自不同社会经济地位、文化程度、语言水平等背景的少数族裔青年纳入研究，虽然他们都强烈地想要预测群体差异。也许，少数族裔群体中的许多成员之所以不寻求心理健康服务，是因为他们认为这些服务与他们的文化价值观和信仰不一致。

除了不知道有多少学生正经历心理健康问题，也很少有人帮助这些学生克服和/或预防社会行为问题。很少有研究验证对文化和语言多样性学生实施干预计划的有效性。大多数可用的方案都是在特定背景下(即普通教育与特殊教育)和特定群体中(例如，一般人口、被认定患有注意缺陷多动障碍的儿童、有严重行为问题的儿童)开展的。大多数以学校为基础的干预计划研究的主要目标是，观察特定项目是否达到预期结果(例如，提高社会技能，降低攻击性，防止物质滥用)，大多数开发社会行为项目的研究者都打算在学校中实施这些项目，但他们没有观察到文化在项目结果中所起的作用。在大多数情况下，由于研究者不容易接触到少数族裔群体，这使得很少有这些群体的学生参加项目的有效性研究。

关于文化对学校干预的影响，人们知之甚少。然而，少数研究人员对有预防性或针对性的心理健康服务进行文化调整，并展示出有希望的结果（Castro-Olivo，2006；Kataoka et al.，2003；Lopez et al.，2002）。

以社区为基础的家庭心理健康服务领域为我们提供了更多关于对现有方案进行文化调整具有好处的证据。为评估育儿方案或家庭治疗对不同文化群体的影响而开展的研究表明，文化调整不仅仅是道德上的事情，参与这类活动还能促进不同群体取得更好的结果。例如，一些调查表明，文化调整项目更容易被文化和语言多样性群体成员接受，这反过来又促进了更高的参与率、对项目的满意度和技能的推广。此外，基于社区的研究人员注意到，如果以非文化调整的形式提供同样的方案（育儿方案和/或家庭治疗），少数族裔群体的成员往往较少接受这些服务，较少参加会议，而且在许多情况下往往比主流文化成员有更高的概率退出研究/项目（Kumpfer，Alvarado，Smith，& Bellamy，2002；Martinez & Eddy，2005）。

文化调整项目更容易被文化和语言多样性群体成员接受，这反过来又促进了更高的参与率、对项目的满意度和技能的推广。

我们有理由认为，为了提高文化和语言多样性人群对治疗的接受度，我们必须为他们提供文化调整的方案。以具有文化影响力的方式提供方案能够使这些人更多地参与进来，因为他们将更容易认同所呈现的材料，整体上有更好的体验，从而极大地改善治疗效果（Bernal & Sáez-Santiago，2006；Kumpfer et al.，2002；Lieberman，1989；Whaley & Davis，2007）。然而，作出这样的调整并不是一件容易的事情。研究人员经常质疑，对标准化治疗方案（如结构化的社会与情绪学习项目）进行文化调整是否合适。科学家通常也会担心，这种调整可能会危及现有项目的真实性和完整性。大多数预防方案通常都经过验证才能在类似于制定它的情境下起作用，而且应用对象要与最初纳入试验的人群相似。社会与情绪学习的研究人员和开发人员可能会说，进行文化调整可能会极大地偏离他们验证项目的情境，因此可能不会产生同样的积极结果（Castro，Barrera，& Martinez，2004）。

一篇题为《预防干预的文化调整：解决保真度与调整性之间的紧张关系》的文章（Castro，Barrera，& Martinez，2004），为以干预为重点的研究者提供了强有力的支持，使他们可以进行文化调整且不必担心会危及现有的基于证据的项目的保真度，研究者认为不进行文化调整可能会比项目达不到100%保真度的损害更大。根据这一观点（我们同意这一观点），我们必须明白，只要保持项目的所有重要思想（基本原理、理论和技能），项目的完整性就不会受到损害。研究人员应该考虑采用一个基于证据的项目，将其作为一个优势，这样就可以很容易地适用于不同人群，更充分地促进人们对技能和概念的理解。

表 5－1 说明在试图执行一个主要针对主流文化群体的实证项目时，文化和语言多样性群体可能出现的许多不匹配现象，其中一些不匹配现象非常明显。例如，当与语言多样性的学生，特别是英语水平有限的学生一起工作时，必须对语言进行简单的调整，以便

表 5－1　文化和语言多样性人群与实证项目之间潜在的冲突来源

群体特征	已经证明该项目有效的人群	现有人群	文化不匹配可能影响项目结果
语言	英语	西班牙语，英语水平差，课堂上采用多种语言	如果语言不调整，学生就无法理解这些材料
种族	白人，或种族不详	少数族裔	由于信仰、价值观和/或规范的冲突，一些例子可能与他们无关
社会经济地位	中产阶级或社会经济地位不详	低	有限的资源和可以促进技能推广的环境
城市与农村背景	以城市为主的环境或背景不详	各种环境	城市和农村地区的青年有不同的需求
风险因素	只关注几个控制因素或风险因素不详	多种因素	对于具有多种风险因素的人群，可能需要增加示例的强度
工作人员的文化能力	如果不针对文化和语言多样性群体，可能就不需要	必需的	学生必须感觉到被接受和理解，才能信任和内化教学内容

注：改编自卡斯特罗等人的研究（Castro，Barrera，& Martinez，2004），© 预防研究学会（2004），经许可改编。

这些学生能够清楚地理解教学内容。如果不能将课程翻译为学生可以轻易理解的语言，就会产生一个不可逾越的障碍，要想理解概念和实践技能几乎是不可能的，这意味着该群体与参与验证项目的群体之间存在严重的不匹配。参与项目验证过程的学生更有可能说一口流利的英语，因此与英语水平有限的学生相比有着巨大的优势。我们可以很容易地看到，语言不匹配会如何危及整个项目的结果。我们可以说，如果不翻译这个项目，就无法让语言多样性的学生平等地获得宝贵的社会与情绪学习技能，以及一种不仅可以改善他们的社会行为结果，而且能提高他们的学业成绩的干预措施。

我们的观点是，要想有效地与英语不流利的学生合作，就必须将社会与情绪学习课程翻译为学生的熟练语言，或者最佳实践的方式是结合英语学习者的教学调整该课程（提供更多视觉效果，经常重复关键概念，不断检查学生的理解等）。教师可能还会发现，当与生活在非常依赖口语的社区的学生一起工作时，使用当地的表达方式是有益的（例如，农村和城市的语言表达，英语口语中的地域方言差异），使用一种学生可以理解和认同的语言会使学习过程更加容易。

研究者还指出学生/参与者的种族或文化背景之间另一种潜在的不匹配，正如前面提到的，大多数基于证据的项目的开发人员对他们相对容易接触的人群开展试点/临床试验研究（方便招募），而且在许多情况下，这些人群并没有体现出种族多样性。使用主要为具有同质性的人群设计的项目，限制了我们预测其他族裔成员将如何与这些项目涉及的价值观、信仰和规范关联起来的能力。在与不同族裔的群体合作时，充分了解他们的背景十分重要，以便预测他们是否会发现所教授的价值观、信仰和技能的有用性，如果你的学生认为这个项目与他们的文化现状无关，那么我们认为他们融入课堂并在课外实际运用这些技能的可能性会很小。

其他重要的不匹配可能包括目标人群的风险因素数量，大多数研究者进行社会与情绪学习项目或其他相关项目干预的有效性试验时，都倾向于控制这些风险因素。在教室里，我们无法控制学生的风险因素数量。比如，财政资源紧张是不得不提的一种风险因素，这可能会限制接受社会与情绪学习干预的文化和语言多样性人群的数量，特别是这些干预措施仅由少数教师在其班级、课后活动或社区环境中实施，而且这些干预可能要求学生的父母支付交通费和其他相关费用（例如，为不参加该方案的兄弟姐妹找一个保姆）。所以，为了加强学生与项目的匹配性，需要了解学生面临的风险和保护因素，以便在教学中提供符合他们实际情况的例子，这一点非常重要。

基于证据的项目与在学校环境中实施干预措施最重要的一个不匹配之处是，干预者可能已经经过文化能力方面的培训。对于少数聚焦于与文化和语言多样性人群合作的研究，研究人员要确保他们的工作人员在与这些多样性人群一起工作方面得到良好的培训，这也意味着教师需要接受类似的培训才能产生同样的结果（Kataoka et al.，2003）。此外，没有将文化内容纳入其初步研究的基于证据的项目可能缺乏具有文化能力的工作人员，因此他们的课程缺乏教师需要的文化响应性方面的信息。

鉴于有关文化和语言多样性群体的学校预防干预的研究有限，我们建议有时应该避免完全按照已制定好的基于证据的项目去执行。我们应该遵循基于理论的指导方针，使这些项目在文化上更具响应性和恰当性。坚持文化调整的最佳实践指南，将有助于把学生和最初用于开发项目的验证过程之间的“不匹配”产生的负面影响降到最低。通过这种调整，我们也将最大限度地发挥参与此类干预的好处。多年来，我们一直知道少数族裔的群体成员不太可能获得心理健康服务，对许多心理健康服务不足的群体来说，学校是他们唯一的希望，也是为他们提供所需的心理健康服务的最合适的环境（Serpell et al.，2007）。鉴于对文化调整项目的研究有限，我们可以假设，尽管我们不一定能提升某一干预措施对文化和语言多样性学生的总体影响，但通过文化调整，我们可以确信这将增加我们接触一个多年来感到被遗忘的群体的机会（Whaley & Davis，2007）。我们将赢得他们的信任，增强他们对学校的归属感，这是对处于危险中的青年最有力的保护因素之一（Gonzalez & Padilla，1997；Napoli，Marsiglia，& Kulis，2003）。通过参与这项工作，你将站在活动的最前端，极大地造福处于风险中和心理健康服务不足的人。

我们意识到，任何关于修改现有的社会与情绪学习课程或其他基于证据的课程的建议都可能引起争议，一些研究人员和项目开发人员可能认为，对现有课程的任何修改或干预都可能使其失效，因为它们将不再在被评估的条件下实施。我们理解并尊重这一观点。我们强调之前所说的，即不主张大规模改变任何项目。相反，如果我们有信心干预将为学生带来预期结果，那么保持基于证据的项目的重要思想或关键组成部分至关重要。总的来说，项目的这些重要方面应该始终保持不变。

我们还认为，也许有必要修改方案的传递方式。语言、示例、交流的细微差别都不会改变一个方案的重要思想或关键组成部分，但可能是与学生一起成功完成课程的关键。我们的观点是，当学生很难适应方案的传递方式，而我们有机会向文化背景和语言不同的学生传递方案时，这些改变是绝对有必要的。换言之，我们建议调整课程设置和干预措施，是为了提高文化和语言的社会效度。当你着手修改方案时，请记住这些要点并谨慎地行动，记住课程的重要思想或关键组成部分必须始终保持一致，即使你仔细修改了我们提供的方案中的一些细微差别。

调整和修改社会与情绪学习课程的指导原则

与多样性和弱势群体的学生一起工作需要承担很大的责任。美国心理学会、美国教育研究协会和美国教育工作者协会等许多专业组织已经认识到，有必要让相关人员了解，不能伤害所服务的人，必须尊重来自不同背景的人，并努力在实践中具备文化能力。

在我们验证过的各种专业组织中，美国心理学会（American

Psychological Association，2003）制定了最全面的指导方针，以用于与不同文化和语言的人合作。美国心理学会建议，要认识到文化的重要性：在与不同文化背景的客户/学生合作时应加强文化意识，包括理解与欣赏文化和语言多样性群体的世界观和认知见解，并且在可能的情况下，采取文化影响/响应的做法，以确保"在客户/学生的文化背景下，利用适合其文化的评估工具，并拥有广泛的干预措施"（p.390）。

对社会和情绪干预进行文化调整的专家接受了前面提到的道德准则。这些指导方针的主要目标是，帮助干预者理解在与文化和语言多样性客户/学生合作时遵守道德准则多么容易。对在同质（或接近同质）文化中长大的人来说，思考和了解其他族裔的文化似乎是一次终生的旅程。许多人担心，我们试图更多地了解其他文化，或者与文化和语言多样性的学生合作在政治上是不正确的，但事实上学习其他文化并不是一项可怕的任务，它对你和你正在了解的文化的成员来说是有趣的、有益的，而且是一种积极的（甚至改变生活的）经历。

根据笔者（萨拉·卡斯特罗-奥利沃）的经历，不同文化背景的成员告诉我，他们为我对其文化的好奇而感到荣幸，当他们与我分享自身丰富的文化背景时，我也感到非常荣幸。了解其他文化对了解者与被了解者双方来说都是有益的经历。

表 5－2 列出了对社会与情绪学习课程进行文化调整的一般原则和具体建议。这些原则和建议部分基于 2003 年美国心理学

表 5－2　对社会与情绪学习课程进行文化调整的一般原则和具体建议

了解你的学生

- 了解学生的文化认同、文化活动和文化仪式。
- 思考课堂上主要的文化变量，以及它们如何影响学生的行为和思维。
- 确定学生面临的成功与失败、问题情境和富有挑战性的生活环境。

了解学生所在的社区

- 走访你们班学生的家庭。
- 确定一个文化联系人（目标文化群体的家长或社区成员），以帮助你了解更多关于学生的文化。
- 请求文化联系人协助文化调整过程。

以学生能够理解的方式讲授课程

- 调整课堂语言，以便学生能很容易地理解关键思想。
- 使用符合学生实际生活的例子（比如同学遇到过的问题）。

鼓励包容

- 教学生如何尊重不同的文化群体。
- 鼓励和加强学生尊重同龄人。
- 确立不允许取笑和辱骂的课堂规则。

调整评估工具

- 调整评估材料（例如语言和内容），使学生能够理解。
- 在讲授课程之前，先测试一些评估材料，以确保学生理解问题。

意识到文化差异

- 不要对学生的文化或种族设想太多。
- 避免对文化群体过分泛化，并非所有同一文化的成员都有相同的行为模式。
- 审视自己的价值观、假设和世界观，并比较与学生的相同和不同之处。
- 不断检查你对不同文化群体的信仰和行为的假设是否准确和公平。

寻求反馈

- 将调整视为一个持续的过程。
- 询问学生和社区成员调整工作的相关性和准确性。
- 询问学生课程与他们的需求和生活经验的匹配程度。

会制定的指导方针。我们提出一个具体的观点，将这些原则和建议纳入强健儿童项目计划手册，因为我们认为所有学校教师和心理健康从业者都应该意识到这些问题，在某种程度上，几乎所有专业人员都将处于这样一种情况，即他们为了所有学生的利益的最佳做法是对项目进行文化调整。

针对文化和语言多样性学生调整社会与情绪学习项目的建议和实例

现在，我们已经建立对文化和语言多样性学生的社会与情绪学习课程进行文化调整的需求和基础，接下来讨论这方面的一些具体建议，并根据我们自己的经验提供一些可参考的实例。虽然这些建议和实例几乎在任何社会与情绪学习项目中都是有用的，但我们显然没有对每个项目都进行文化调整的个人经验。我们认为，这里确定的一般原则和建议可以在各个项目之间推广，尽管本节的具体事例来自对特定项目进行文化调整的过程。笔者（萨拉·卡斯特罗-奥利沃）承担了一项主要任务，即为特定学生群体进行文化调整，该群体采用强健儿童项目的强健青少年版本（Merrell et al.，2007c），并对这些文化调整进行实证研究。本节将使用这个特殊的例子来回顾，如何制定我们正在推广的项目计划并使其成为现实。

提供一些可以让你在班级中进行社会与情绪学习项目的文化调整的建议和活动之前，首先回顾一下我们的主要例子（强健青少年项目）背后的重要思想是很有用的。维护基于证据的项目的重要思想和理论，是对任何项目进行文化调整的第一步。毕竟，我们希望确保实施的项目对学生产生一定结果，类似于对参与临床试验或试点研究的学生所产生的结果。我们坚信，清晰地了解你正在努力实施的社会与情绪学习项目的主要目标和理论，将使你更好地进行文化调整。文化调整将有助于你更好地实施该项目的重要思想，这往往强调所有学生都需要学习和实践可在他们所处的环境中使用的社会与情绪学习技能。

回顾社会与情绪学习的重要思想

强健儿童/强健青少年课程的主要目标和其他社会与情绪学习课程类似，即通过向儿童青少年教授相关的和易于使用的社会情绪技能，来预防和减少其心理健康问题。强健儿童/强健青少年课程试图通过教育学生达到以下目标：

- 提高他们对自己的情感/情绪以及潜在的抑郁、焦虑和其他社会情绪问题的认识。
- 更好地理解他人的感受，欣赏他人的观点，并更有效地解决问题。
- 更好地理解思想、情绪和行为之间的联系，并学习如何监控和调节它们。
- 更好地识别错误想法和不合理信念，以便更有效地重新规划和积极思考。
- 习得可以帮助他们在压力下放松身心的新技能。

- 习得如何使用有效的沟通技巧，成为更高效的问题解决者。
- 了解设定现实目标和监控自己的行为对实现这些目标的重要性。

在参与文化调整、项目实施和结果评估的过程中，必须牢记项目的重要思想。通过参考我们的例子及其重要思想，你会看到强健儿童/强健青少年课程（或任何其他社会与情绪学习课程）的目标与文化调整和干预的总体结果之间的紧密联系。

考虑什么时候进行文化调整

现在，你可能在想："我应该考虑什么时候对目前正在实施的社会与情绪学习课程进行文化调整？"根据我们的经验，在实施某种类型的社会与情绪学习课程时，每一位学校教师或干预者都进行了文化调整，甚至有时他们自己也没有意识到正在这样做。记住，这些项目大部分都是半照本宣科的，这让教师和干预者可以根据他们对学生的了解来灵活改变课程上的例子。例如，强健青少年的第六课给学生介绍了六种不同的思维错误，对于其中一种"归因于个人"的思维错误，解释情形为：一个学生正在为父母的离婚而自责（Merrell et al.，2007c，p.92）。根据你对学生的了解，你可能决定使用一个关于欺凌的例子，而不是课程方案提供的例子，你在该项目中作出的文化调整大部分都是细微且易于现场实施的，那些需要多一点时间和创造力的调整措施主要针对高风险人群，这两种调整具有共同的关键要素，而其中最重要的因素就是了解你的学生，了解他们面临的风险因素和保护因素，以及他们的价值观和信仰。

与高度多样化的学生群体，或大量处于风险中的学生一起工作，并能够分辨出许多学生都有类似问题的人，他们可能需要参与一个更精细的文化调整过程，从而为学生带来更好的结果。这样的调整虽然容易实现，但可能需要一点时间来计划。首先，这种调整仍然需要你教授社会与情绪学习课程的所有主要技能（始终记住项目的重要思想）。你必须考虑应该使用何种类型的例子，以确保所教授的技能适用于你的学生，调整的主要目的是帮助你的学生更多地参与和认同课程内容，以便他们将所学技能内化和推广到日常生活中。

根据现有文献中的文化调整课程的最佳实践、我们的专业性和个人经验，以及与美国心理学会道德准则的联系，为了使文化和语言多样性学生更容易获得社会与情绪学习材料，我们特别建议你从事以下活动，并在接下来会重点讨论这些活动。

- 了解你的学生以及他们在当地社区可能遇到的与社会文化相关的问题。
- 为你的学生确定最合适的传授系统。在尝试开发适合文化的传授系统时要考虑的主要因素是语言、交流、具有文化特色的例子/隐喻和内容/概念（参见 Bernal & Sáez-Santiago，2006）。

了解你的学生及他们的背景

对学生当前面临的情况、保护因素和风险因素有更广泛的了解，将使学生更容易认同你提供的例子和讨论，更投入教学(Dumas，Rollock，Prinz，Hops，& Blechman，1999；Lopez et al.，2002)。能够联系和认同呈现的材料使学生更容易将你在课堂上教授给他们的技能应用到社区和其他环境中。你如何了解和理解学生的问题？根据现有的文献和我们的经验，我们建议你与学生、家长和社区其他相关成员一起成立一个焦点小组。让相关人员帮助你识别学生可能面临的一些特定文化问题，这将使你更深入地了解社区成员对这些问题的看法，并与他们建立起紧密的联系，这对于你未来的工作十分有价值，你在这个群体中的可信度也会大大提高。此外，让社区成员参与进来的另一个好处是，他们会经常自愿提供帮助。在与家长和社区领导开展的讨论或会议中，有很多人向我(萨拉·卡斯特罗-奥利沃)提供了大量帮助，社区成员也帮助我共同教授这个课程，参与翻译或编辑材料，并为我提供了在一堂课上使用的具体例子，甚至有社区领导为我们提供资金来资助我们的项目。当社区成员看到有人想要帮助他们的同伴时，他们常常会感到非常兴奋，而且往往会不遗余力地帮助我们推进这一过程。

确定最合适的传授系统

为了具有文化适应性，项目必须采用目标人群能更好理解的语言，因此你可能需要调整项目的语言，以反映居住的环境(城市或农村)。你应该确保传授者和接收者的互动对双方都是积极的，而且他们可以相互理解和信任。学生必须能够感觉到，干预者不仅能理解他们的困难，而且真诚地想要帮助他们。

你还需要使用与学生所处文化相关的隐喻、故事和例子，补充正在使用的社会与情绪学习课程，以及与学生相关的新内容或新概念，这也是当务之急。例如，当我在针对新移民的工作中使用强健青少年项目时，我介绍了该项目中标准版本未包含但与目标人群相关的一些概念。我在文化调整版本中为新移民学生介绍的一些新内容和概念包括文化适应、异文化压力、异文化差异和歧视。与新移民一起工作时，我的重点任务是帮助他们运用强健青少年项目中的技能来减轻异文化压力（即在两种相互冲突的文化中寻找自己的位置时，会产生个人经验的反作用的压力；Chavez, Moran, Reid, & Lopez, 1997）。向他们提供这些新的内容和概念可以让他们习得项目教授的技能，因为这使所教授的技能与他们目前遇到的问题更加相关。在焦点小组中，找到最合适的传授方式是很容易做的事情，你可以通过班级进行一次快速的非正式调查。

图 5 - 1 阐述了对现有课程进行文化调整的主要思路。总体目标或第一步是，确保项目的重要思想或理论在整个规划、调整和实施过程中得到尊重和良好的维持。第二步是了解学生的文化（价值观、信仰、习俗以及其他风险和保护因素）。一旦你确信自己理解了这个项目的重要思想，制定了维持重要思想的项目实施计划，了解了目标人群，你就可以开始进行动态调整，比如将现有项目的语言转换成学生能更好理解的语言，增加文化响应的互动（不断学习并尊重学生的文化），以及使用与目标人群相关的隐喻或例子。

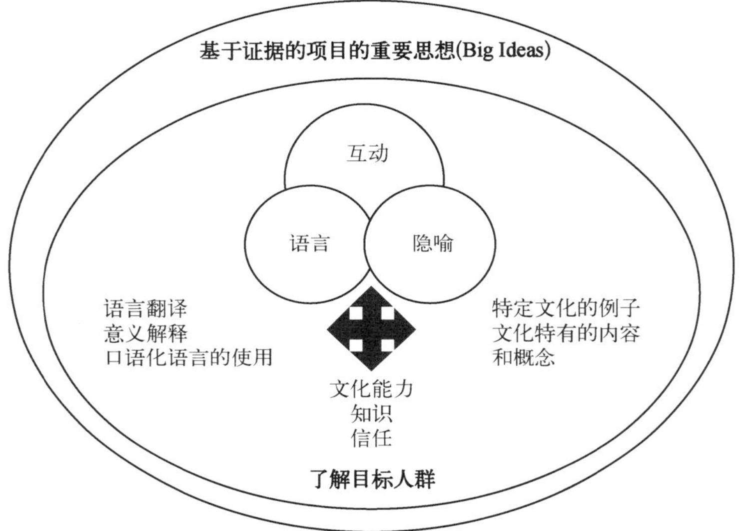

图 5－1　为满足文化和语言多样性学习者的特定需求而对社会与情绪学习课程进行调整的关键组成部分

文化调整课程的局限性

在对课程进行文化调整时可能会存在许多局限性，包括：(1) 将问题过度泛化到同一族裔群体的成员；(2) 不同需要的学生群体资源有限；(3) 不能准确评估学生可能面临的社会文化问题，并在干预过程中加以讨论。

我们认为，过度泛化可能是最严重和最危险的局限。我们必须认识到，除了各群体之间有一些显著的差异，任何群体内部也有差异。事实上，从统计学的角度来看，群体内部的差异往往大于我们发现的群体之间的差异，文化程度、英语水平和社会经济地位是最明显的因素，这些因素可以使同一族裔的两名成员以完全不同的方式经历、解释和处理各种情况。例如，两名同属亚裔的学生在融入美国主流文化的过程中可能有着截然不同的经历，尽管就其族裔而言，他们可能都被列为亚裔美国人。其中一名学生可能是来自柬埔寨农村地区的第一代移民，努力学习英语并适应美国文化，而另一名学生可能是第五代华裔美国人，虽然知道自己的种族背景，但只会说英语并已完全融入美国的主流文化。

除了过度泛化的危险，当试图实施一个文化调整项目时，有限的资源也可能成为一个严重的问题，不同文化程度的学生可能有不同需要，因此要在不同群体中确保他们讨论的技能和问题得到充分的覆盖。这种情况意味着，要根据学生的情况将其分为多个焦点小组，如果你的时间和精力有限，并且在如何做到这一点上存在相互冲突的想法，那么从逻辑上来说是很难顺利进行的。此外，如果你不是学生所在社区的成员，或者你没有与其社区密切合作以找出学生最迫切的需求，那么准确识别学生的需求可能是一个巨大的挑战，而建立家庭—学校—社区伙伴关系，组织焦点小组，积极理解文化问题是应对这一挑战的关键。最后，我们鼓励大家在实施社会与情绪学习课程的过程中，通过对课程或项目进行适当的调整，致力于帮助所有学生，同时我们也再次提醒大家在这个过程中要谨慎行事。我们相信，只要把调整的重点放在可以让我们与学生更好地联系上，比如授课风格、表达方式以及一些细微差别，就可以有效地将社会与情绪学习内容传授给文化和语言多样性的学生。这些调整不应损害项目依据的重要思想和具有的关键特征。

本章小结

我们生活在一个充满活力和不断变化的多元社会，与其他大多数国家相比，美国的特点就是多元化且欢迎不同的文化。作为教育工作者和临床医生，我们是第一批向许多具有文化和语言多样性背景的儿童介绍美国文化的人，对这些儿童中的许多人来说，我们也是他们获得某种心理健康服务的唯一机会，而这些服务将使他们能够获得宝贵的生存技能并更好地处理自己的人际关系。社会与情绪学习可以为任何背景的学生提供有价值的知识和技能，使他们在社会上取得成功。

在假设任何基于证据的社会与情绪学习项目对任何学生都同样有效之前，不管他们的文化背景如何，我们都必须做好自己的"功课"，深入了解更多关于你的学生和你正在考虑实施的课程的信息！几乎所有社会与情绪学习项目的目标都是，帮助儿童获得成功解决日常问题所需的技能。儿童的日常问题，以及他们处理这些问题的方式，将受到文化（价值观、信仰和习俗）的很大影响。因此，我们必须确保，在指导来自不同文化背景的学生学习社会和情绪技能时，我们从事的活动会使教学更具文化响应性和相关性，这些活动包括：（1）了解你的学生；（2）提供一个让学生更容易理解的传授系统，如适当的语言，以及与文化相关的例子、隐喻和概念。所有这些都应该通过一个致力于与目标人群进行真诚互动的人来完成。

应用场景：个人反思

我们真心希望本章能够帮助你理解对社会与情绪学习项目（已经被证明对主流文化群体有效）进行文化调整的原理。根据我（萨拉·卡斯特罗-奥利沃）的经验，文化调整从你开始招募参与者那一刻起就发挥作用了。我第一次参与基于证据的社会与情绪学习项目的文化调整工作时，以研究人员的身份试图探究这种调整是否合适，帮助参与项目的学生提高他们的社会和情绪能力，并确定该项目是否会被认为有效。我必须说，虽然有些过程（如翻译整个项目）非常耗时且令人沮丧，但调整的结果非常积极，这使我的工作非常有价值。

许多研究人员会告诉你，招募心理健康服务不足的社区成员参与研究非常有挑战性，这主要是因为他们往往对研究持怀疑态度。当我为拉丁裔移民高中生验证强健青少年项目的文化调整时，我的体验非比寻常。在我第一次来到实施干预的教室时，我向学生简要描述了我的工作和研究内容。我用他们的母语与他们交谈，清楚表达了我对他们的需求的理解，以及我认为他们可以从这个项目中获益的原因。通过这样做，我向他们展示了我在了解他们的需求方面做了功课，而且我在介绍中使用的一些例子引起了他们的共鸣。在最初的介绍中我必须非常清楚地表明，虽然我坚信他们可以从这个项目中获益，但他们的参与是自愿的。我提到，有兴趣参加的人需要在我初次访问后一个星期内签署父母同意书并将其带到学校。在不到两天的时间里，所有学生都把父母签署的同意书带回了学校，这让我很惊讶！仅仅是谈论文化调整，我们就可以在不到两天的时间里获得100%的参与。当其他更有经验的研究人员听到这个积极的反应时，他们比我更惊讶，这在研究领域是闻所未闻的，尤其是在研究人员没有向参与研究的学生承诺金钱奖励的情况下。就在那时，我深刻意识到如果这些人没有获得心理健康服务，不是因为他们认为自己不需要这些服务，而是很少有从业者试图以文化敏感的方式去解释他们能从这些服务中获得什么。

一旦招募工作成功完成，我们就必须启动干预前的评估过程。在这一过程中，我确保使用的所有工具都有英语和西班牙语两种版本。所有参与的学生都认为西班牙语是他们的首选语言，因为他们只在美国待了2年或更短的时间。学生表示，项目中列出的许多问题都与他们的故事相似，他们非常兴奋地开始了这个项目。一旦项目开始，我们就必须确保通知所有参与的学生，所有用于角色扮演或演示新技能的例子都是社区参与焦点小组的成员提出的。我们还告知参与的学生，课程中的一些概念是为了帮助他们理解文化调整过程和熟悉两种不同的文化，我们清楚地表明，如果他们不同意其中的某个例子，可以自己举例。学生报告，他们在课堂上感到很舒适并充满活力。项目的主要干预者是受过培训的双语/双文化教师，这使他们与学生互动时尽可能具有文化敏感性。

这项初步研究的结果非常有前景。它表明在我们维持强健青少年项目的重要思想时，研究的总体结果（效应值）与在主流文化群体的学生中获得的结果相似。除了在这项研究中获得积极结果外，许多参与研究的学生报告，他们使用所学的技能来解决在家里或与同龄人（他们的文化现实）经历的一些冲突。他们对课程非常投入，其中超过88%的人对该项目感到非常满意，他们认为该项目与拉丁裔移民的需求非常吻合，而且他们很可能会在日常生活中使用学到的技能（Castro-Olivo，2006）。

对基于证据的项目进行文化调整似乎是一项耗费时间的任务。鉴于我们在公立学校面临的许多要求和责任，时间绝对是许多教育工作者缺乏的资源。我必须说，从帮助文化和语言多样性学生中得到的回报将使你感觉投入精力和时间是值得的。除非你是为了研究需要才进行文化调整，否则所有这些活动都可以非正式地进行（这几乎不会比你准备任何特定的课程所花的时间多）。对我来说，最大的收获莫过于走进我的办公室，看到一些学生给我的音乐卡片，感谢我“为他们的生活带来改变”。每当我去上班时，我的脸上都会浮现出笑容！

第六章

当课堂上的社会与情绪学习不足以解决问题时：将学生与心理健康服务联系起来

本章引言和概述

本书通过协调使用社会与情绪学习，将心理健康规划纳入学校工作。本书的大部分章节都旨在帮助学校人员在学校课堂上使用社会与情绪学习，而且特别强调以一种普遍的方式将社会与情绪学习应用于课堂和学校。虽然这种普遍的做法可作为预防心理健康问题的策略，但我们深知它并不完全满足有着最严重的心理健康问题和社会情绪问题的少数学生的需要。从根本上说，我们需要认识到，有时课堂上的社会与情绪学习是不足的。因此，本章的目的是帮助你规划和提供协调的社会与情绪学习服务，以满足所有学生的需要，包括有最严重问题的学生。本章首先重新审视三级预防模型，该模型的三个层次——普遍性预防、选择性预防和指征性预防——都经过重新检查，目的是帮助你在每一层次规划社会与情绪学习课程，以便最大限度地提高最需要心理健康服务的学生的心理健康水平。经过审视，本章开始规划心理健康服务的具体细节，采用协同的方法，即考虑学生所处环境的各个方面，以便最大限度地利用现有资源。这部分内容会包括学生可能表现出的最典型的心理健康问题的简短个案研究，这为你的规划提供一些现实背景，包括是否有精神病、物质滥用和创伤。然后，我们会去你所在社区接受心理健康服务的地方，查看协调和规划心理健康服务的方法，并拜访在这个社区工作的能够为你提供帮助的心理健康领域的一些专业人员。最后，我们将快速回顾本章内容并进行案例分析，以帮助你从现实的角度来看待本章内容，使你对使用我们推荐的方法来满足最有问题的学生的心理健康需求的优势充满信心。

有时，在课堂上社会与情绪学习无法满足有最严重的心理健康问题的学生的需要。我们计划提供协调的心理健康服务，以满足所有学生的需要，包括有最严重的问题的学生。

从另一视角看三级预防模型

第一章详细介绍了三级预防模型，随后其他章节也提到该模型。正如我们前面讨论过的，该模型提供了一个非常好的框架，因为它为所有学生及其所有水平的需要都规划了合适的学业和心理健康服务。在学校环境中提供一系列或连续性的心理健康服务是该模型的最佳例证之一。鉴于本章的重点是通过在学校提供心理健康服务来加强社会与情绪学习课程，因此本节是重新引入三级预防模型的一个非常好的节点，在考虑心理健康服务的同时，简要讨论该模型的每一个层次。本节余下部分阐述了在学校社会与情绪学习规划的基础上拓展学校心理健康服务的一些现实方法。

第一层次：必要的但不是足够的

许多学校的社会与情绪学习投入（也许大多数学校的社会与情绪学习投入）处于三级预防模型的第一层次或一般水平。在包含颜色编码的三级预防模型的图形描述中，第一层次有时称为“绿色区域”，它指代所有学生，即使其中大多数学生——也许占典型学校人口的 80%——似乎不会有更高的风险发展出严重的社会情绪或心理健康问题。在理论和实践中，普遍性的社会与情绪学习课程将帮助所有学生，包括风险较高的学生，或者有强烈需求的学生，这些学生可能需要更多的支持，而不是通过普遍性的社会与情绪学习来提供干预。

在前面的讨论中，我们提到使用积极的策略，以提高学生在学校环境中的心理弹性和社会能力，研究者（Merrell，Levitt，& Gueldner，2010）确定了一些方法，可以最大限度地利用普遍性预防规划，防止低风险的学生发展出更高水平的心理健康问题或社会情绪焦虑。我们认为，最能影响学生是否取得成功的与学校有关的风险因素和保护因素应该是普遍性的社会与情绪学习课程。预防研究人员（Hawkins，Catalano，& Miller，1992）指出，一些与学校有关的风险因素和保护因素往往对学生的成功和发展有强烈影响。目前，研究表明，未来心理健康和行为问题的主要风险因素包括早期持续的反社会行为、小学学业失败，以及缺乏对学校的依恋。此外，还有几个强有力的保护因素可以纳入学校环境，包括积极和关怀的学校氛围、学生和教师之间积极关系的发展，以及有效的学业教学规划。包含针对关键风险因素和保护因素的普遍性规划的学校，可以防止学生快速走向学业失败的道路，减少学生的反社会行为和心理健康问题。将减少风险、发展技能同学生普遍性的社会与情绪学习课程结合起来，可能对预防学生产生更严重的学业、社会或情绪问题起到重要作用。

我们考虑使用第一层次社会与情绪学习课程的另一种方法，即同时使用多种预防性干预措施，以预防有潜在危险的学生进入更高层次。在预防科学领域，同时使用多种预防性干预措施称为综合预防方法。这种方法的理论和基本原理是，当多个独立的干预措施合并成一个综合预防措施时，可能会带来更有利的结果，即产生叠加效应和协同效应。当你简单地添加来自不同程序的好处或结果时，会产生叠加效应。例如，一个普遍性的社会与情绪学习课程可以增强学生的社会情绪竞争力和复原力，一个普遍性的问题行为减少技能可能会使学校里的适当行为增加，并减少学校里的问题行为。把它们合并你会得到更大的好处。此外，协同效应更为复杂，而且更具吸引力。协同效应的概念是，两个独立的实体一起工作最终会产生比单独工作更有利的结果。换言之，在这种情况下，两种预防性干预措施的协同作用可能比单独实施然后加在一起的预期效果更好。考虑使用基于证据的普遍性社会与情绪学习课程，并同时使用经过验证的行为管理干预，这两项干预措施结合的一个可能的协同效应是，会产生复杂的积极效应，如学业成就可能会以更快的速度提升，或者操场、校车上的欺凌事件的概率可能会以一种超出预期的速度降低。这种综合预防概念在教育和心理健康领域仍然是一个相对比较新的概念，但在初级预防领域，对于提高处于风险中的学生的心理健康水平，它是值得考虑的一种方法。

第二层次：再多一些

在社会与情绪能力以及复原力方面，更多学生处于第二层次的需求水平，这些人的需求应当得到“再多一些”的投入，而不是被理所当然地纳入第一层次的社会与情绪学习干预。根据我们的估计，处于第二层次的学生——大约占典型学校人口的15%——可能在社会情绪风险水平上有所提高，或者可能有心理健康问题和其他社会情绪问题的迹象。回到三级预防模型的常用颜色编码，第二层次有时被称为预防性干预的“黄色区域”。黄色在交通信号中是警示灯的象征：提醒我们需要放慢速度，准备停止或应当小心。

无论是旨在预防情绪或行为紊乱的个体干预还是团体干预，次级预防策略都可以满足具有类似风险因素的学生的需要(Kutash, Duchnowski, & Lynn, 2006)。此类服务超出社会与情绪学习初级干预措施的范围，但不像处于第三层次的学生所需要的服务那么强烈。通常，有心理健康问题风险的学生会在社交和问题解决技能上存在缺陷，他们可能有认知歪曲的倾向，或对思考事物的方式有不适宜的感知和归因（Greenberg，Domitrovich，& Bumbarger，2000）。这些不良的社会和认知因素可能会对学生发展，以及保持与同龄人和成年人的积极关系产生负面影响，也可能导致学业困难。鉴于这些危险因素的负面影响，提升社会、认知和学业技能是次级预防性干预措施的良好目标。理想情况是，这种干预措施可以被战略性地纳入已经给全班学生提供初级干预的领域。

通常，可以通过丰富现有的普遍性社会与情绪学习课程来提供有效的次级干预课程。

虽然选择特定的次级干预取决于学生的缺陷或问题的具体表现和严重程度，但我们的经验是，通过丰富现有的社会与情绪学习课程来提供有效的次级干预课程是可能的。实际上，这种丰富的和有针对性的课程为已经在班级接受普遍性社会与情绪学习策略的学生创建了一个极新颖的社会与情绪学习版本。在强健儿童课程中，对处于“黄色区域”的学生进行社会与情绪学习技能和概念教学时，以下策略非常有用：

- 增加练习新技能的机会。
- 在典型的学校环境中有额外的机会展示掌握的新技能。
- 对技能和概念获得情况的即时反馈。
- 更高水平的强化，以展示适当的社会与情绪学习技能。

- 增加何时使用技能的提醒。
- 如果需要，将社会与情绪学习课程或活动分解为更小的部分。
- 每周补充和强化普遍性社会与情绪学习课程。
- 教授社会与情绪学习技能时，使用人数更少的小组并仔细观察角色扮演和小组练习。
- 修改社会与情绪学习课程的脚本示例，以确保这些示例切合实际，直接与学生的生活联系在一起。
- 将基本的积极行为支持策略和社会与情绪学习课程结合在一起。

上述策略反映了，在现有的社会与情绪学习课程中投入时间和精力的相对简单的方法，所有学生都应该已经接受这些课程，但是对风险水平处于“黄色区域”的学生来说，这些策略有可能产生重要的效果。

除了提升普遍性的社会与情绪学习干预措施，有时还应采取专门干预的形式将次级干预增加到现有的社会与情绪学习初级干预中。当仔细规划和实施项目，而不是将其随意或无系统性地拼凑在一起时，这种增加通常是有效的。这种做法可能不需要像三级干预中的典型措施那样密集或耗时，而且这种服务提供方式始终是一种选择，不需要单独提供。专门的次级干预有时最好在普通课堂以外的环境中以小组形式实施。我们已经在课后项目中，以及学校辅导员、学校心理学家和另外一些学校干预者在学习日提供的“抽离”(pull-out)计划中看到这种形式的服务。

有许多基于证据的次级干预课程可供选择(参见 Merrell et al., 2010)。举个例子，让我们考虑一下我们特别熟悉的两个课程，并直接观察它们为在社会和情绪上处于风险中的学生带来了哪些积极结果。

成功计划第一步(First Steps to Success Program; Walker, Stiller, Severson, Feil, & Golly, 1998)是一个次级干预计划，旨在改善表现出高水平问题行为的学龄前儿童和小学生的行为。它包括以学校为基础的干预和以家庭为基础的干预，这两个干预模块可以统一实施，提升有风险的学生的社会行为技能，以帮助他们成功满足自身在学校的学业和社交需求。课堂教学内容主要为培养学生的适应性行为，以便他们在学业和社交上获得成功。每天设置行为准则，并在学生符合行为准则时给予奖励。该课程通常持续 2 个月或 30 个课程日，与以课堂为基础的教学相结合，为期 6 周的以家庭为基础的干预则为学生提供额外的行为监测和强化，以促进学校课程的成功。一名训练有素的干预人员每周访问一次学生的家庭，每次访问时间为 45～60 分钟，并为家长提供活动，帮助他们培养孩子的社交能力。以家庭为基础的课程包括家长指导、亲子游戏和其他积极活动。成功计划第一步可以教授家长如何帮助孩子掌握沟通、分享、合作、设定界限、解决问题、建立友谊和树立自信的技能。支持成功计划第一步的证据既广泛又令人印象深刻。对处于风险中的有品行问题和其他外部障碍的年龄较小的学生来说，成功计划第一步作为次级干预课程似乎特别有用。

还有一些令人印象深刻的次级预防性干预措施，其重点放在内化领域。其中一个很好的例子是克拉克和卢因森（Clarke & Lewinsohn，1995）的压力应对课程（Coping with Stress Course），它主要针对正在经历抑郁症状，但还没有被诊断为临床抑郁症的青春期前的儿童青少年，包括15次小组课程，每次45～50分钟，旨在教导学生学习有效的应对策略，提高他们遇到困难或挫折时的情绪恢复能力。课程包括认知行为技巧，教导学生识别、挑战和改变非理性思维过程。压力应对课程的一个重点是，教学生用有效的和适合的方法来应对压力。此外，情感教育、认知教育以及这两个领域之间的联系也是该课程的重点。每节课的内容包括角色扮演、用以阐述概念的卡通绘画，以及适合学生发展水平的小组讨论活动。虽然压力应对课程可以在学校环境中实施，但仍然建议训练有素的精神卫生或心理健康专家（即心理学家、辅导员、社会工作者）担任小组领导。有关压力应对课程的研究表明，参与该课程的学生的抑郁症状明显减轻，在干预之后，治疗效果至少持续了1年。

成功计划第一步和压力应对课程是针对有心理健康问题风险的学生提供的次级干预措施的两个例子。除此之外，还有许多其他有用的基于证据的课程。

第三层次：更多

如果说初级干预和次级干预各自象征性地构成“绿色区域”和“黄色区域”，那么第三层次的干预适合的颜色就是“红色区域”。

作为一个暗示学生心理健康问题的强度的隐喻，“红色区域”是一个使人想起停止、危险、强大或过热的标志。需要第三层次的干预的学生比例相对较小——大约是典型学校学生的5%，这些学生的心理健康和社会行为问题比较严重，需要立即且长期得到关注。虽然这些学生可能受益于前述初级干预和次级干预，但他们的需求非常强烈，以至于通常需要比初级干预和次级干预更加密集和有力的干预措施。按照定义，第三层次的服务是指征性服务，是一种预防性干预措施，即帮助已经存在严重问题或缺陷的个体。第三层次的心理健康服务的目的是，尽量减少疾病或问题的负面影响，防止情况恶化，并帮助人们达到现实可行的最高功能水平。

对于有严重心理健康和社会行为问题的儿童青少年，通常需要提供密集的和协同的干预措施。这种干预需要多个专业人员、学校和社区机构之间协同服务。

对于有严重心理健康和社会行为问题的儿童青少年，通常需要提供密集的和协同的干预措施。这种干预需要多个专业人员、学校和社区机构之间协同服务。如果我们想有效处理重大问题并保持高水平的心理健康，那么不仅要协同合作，而且要付入巨大的努力。哪怕只是为了防止未来出现严重症状，这种努力也是必需的。虽然有许多特定的心理健康干预措施适合第三层次的问题和情况，但本章的目的并不是要涵盖这个领域的个别项目或干预措施。现实是，本书的大多数读者——学校心理学家、学校辅导员、社会工作者、顾问、教师和管理者——不会真的能够成为在第三层次独立规划和提供指定服务的人。他们中的大多数虽然会在为有最强烈需求的学生提供心理健康服务方面发挥作用，但更有可能扮演教育者的角色或协同者和沟通者的角色，而不是扮演初级保健治疗师的角色。教师以及以学校为基础的、提供校本心理健康服务和支持的专业人士面临的主要挑战之一是，提高对各自社区可用的心理健康服务系统的认识，并学习如何成为最具挑战性的学生的有效指导者，将他们与学校和更广泛的社区综合服务联系起来。本章后面的内容提供了关于如何驱动可用系统的可靠建议，但这只是整体情况的一部分。另一个关键点是，为你提供基于学校的心理健康实践的有效建议。如表 6－1 所示，它推荐了一系列有关学校心理健康服务和模型的在线资源。

表 6－1　有关学校心理健康服务和模型的在线资源

- 疾病控制与预防中心 www.cdc.gov
- 学校心理健康中心 smhp.psych.ucla.edu
- 学业、社会与情绪学习合作组织 www.casel.org
- 抑郁症和双相障碍支持联盟 www.dbsalliance.org
- 全国学校心理学家协会 nasponline.org
- 国家心理健康研究所 www.nimh.nih.gov
- 外科总干事办公室 www.surgeongeneral.gov

我们通过“环绕式服务”的概念来了解学校环境中的三级心理健康服务，这个概念是心理健康服务领域较有前景的创新概念之一，它并不表示一种具体的干预或干预模式。相反，它是一个“大想法”或概念，以家庭、学校和社区为基础，为儿童青少年提供个性化的干预服务（Merrell et al.，2010；VanDenBerg & Grealish，1996）。一些州和地方政府为有严重心理健康问题的儿童提供（甚至强制规定）环绕式服务，这种做法得到联邦医疗补助授权立法的支持。社会政策和社会活动的发展也刺激了环绕式服务的发展。虽然没有多少证据可以支持或驳斥环绕式服务，但它有强大的逻辑吸引力，因为它有助于过程的程序化，并作为计划和服务被提供给有强烈需求的学生，促进专业人员与家庭的沟通。

和其他需要学校与社区机构合作的干预策略一样，环绕式服务可能涉及从学校工作人员向心理健康、社会服务和医务专业人员的转介，我们认为向学校以外的专业人员转介是适当的（而且可能是必要的）。当学生遇到严重的和/或慢性的问题时，他们的日常生活功能变得非常受限，当学校提供的干预措施没有效，或者学校无法提供学生可以从中获益的干预措施时，我们会担心学生和其他人的安全。初级保健诊所或急救部门通常是学生和家庭处于严重危机情况时接触到的第一个社区资源。更常见的是，家庭会寻求他们的初级保健医生的意见，询问是否需要转介到精神卫生机构，或者评估心理健康药物等医疗干预是否有帮助。针对环绕式服务，我们到底应该怎么做？接下来提供一个例子，讲述在实践中如何为有严重心理健康问题的学生提供服务。

这两年来，一位名叫泰勒的中学生由于“严重的社会技能缺陷、抑郁、古怪的行为和思想、个人卫生问题和学业失败”而成为关注的焦点。学校将优质的社会与情绪学习课程无缝整合到各个年级，泰勒每周都会接受学校社会工作者的个人辅导，以及关于学习障碍和情绪问题的特殊教育服务（额外的学业支持，每周参加由学校心理学家组织的社会技能训练小组）。尽管作出很大努力，但工作人员很明确地表明，泰勒的情况正在恶化，因为他发布了自杀声明，并表现得越发地与社会脱离，情绪波动很大，说话语无伦次等。学生援助小组开会讨论泰勒的情况，泰勒的母亲也在场。会议最终决定，泰勒需要比学校常规支持系统提供的更多的服务。学生援助小组成员、当地社区的心理健康机构的两名代表，以及泰勒的家庭医生在学校召开了一次工作人员会议，以讨论泰勒的情况。他们决定，泰勒需要在3周内接受精神评估，并提出要改变用药。工作人员再次开会讨论泰勒的干预计划，并实施了若干新措施：每月在当地医院由精神科医生进行检查；每周有四天的下午在社区心理健康中心参加课余护理小组（包括治疗组，接受密集的社会技能训练和娱乐疗法）；取消学校的社会技能训练和个人辅导措施，以免与社区提供的服务重复或混淆；在学校辅导员的管理下，为泰勒增设了课堂登记程序和每日报告卡片；在学校增设一名特殊教育顾问，以提供每天一小时的个人强化辅导；学校社会工作者每周到泰勒家家访（家长培训和支持部分）。大家一致同意，每月在学校召开一次会议讨论泰勒的进展，负责提供或监测服务的专业人员将会适时更新进度数据。通过这种方式，泰勒获得一套无缝衔接的家庭—学校—社区服务，以帮助他缓解日益恶化的问题，并尝试恢复到以前的社会、行为、情绪和学业功能水平。

心理健康评估和治疗的生态学方法

在过去的二十年里，学校心理健康服务得到战略性发展，将心理健康服务整合到教育环境中，发展出一种以生态学为基础的心理健康评估和治疗方法（Weist，Lindsery，Moore，& Slade，2006）。这种结构性方法将从自然环境（课堂）中收集到的信息服务于心理健康治疗，并使治疗对学业成绩产生积极影响。上一节介绍了在学校所有层次的心理健康服务工作中使用的具体预防和干预措施，并阐明了学生如何通过这种模式取得进步。为了切实将心理健康服务真正整合到学校环境中，有研究表明，基于学校环境使用通过生态学方法设计和实施的校本心理健康规划将产生可持续的有利结果。本节简要回顾了生态学方法的组成部分，你可能会思考这种方法如何适应当前的系统。

布朗芬布伦纳（Bronfenbrenner，1979）的生态模型涉及所有儿童成长和发展的自然环境，这些环境如何相互作用和转化，以及它们如何影响发展。在设计上一节所述的预防和干预方法时应认真考虑这一模型。例如，当前治疗方案考虑学生存在的问题和现有的循证治疗之间的契合性，实施治疗所需的资源（资金、个人权力、设置、所需材料和可利用的资料），治疗对家庭成员和其他学生可能产生的影响，等等。依赖无法获得的治疗可能不是最佳选择，应探讨其他选择。这种情况与对教育和心理健康问题采取综合方法的情况类似。如果考虑相关的生态因素，如社区需求和优先事项，引领课程发展的文化问题，对具有战略性和互补性的专业人员的教育和心理培训，可用资源（资金和其他资源），优先考虑家长参与，继续利用已知的学业干预（例如，同伴辅导、循证指导原则）来改善社会和情绪功能，那么在学校生态环境中实施的心理健康计划将是最成功的。

在考虑如何促进以学校为基础的心理健康服务时，我们鼓励你回顾上面提及的各项因素。我们发现，还有一些可以加快项目进展的新兴的系统性趋势和变量。首先，在学校和社区心理健康服务之间建立合作关系的趋势正在不断发展，其目的是建立儿童的照顾系统。具体而言，这些研究和实践领域正在日益协同努力，跨越生态（学校、社区），以高效和系统的方式提供公共心理健康服务（Weist，Axelrod，Lowie，Flaherty，& Pruitt，2001）。当你与当地社区心理健康服务的提供者合作，以确定在哪一领域可以建立合作关系，这对团队来说非常有益。其次，教育和心理健康专业人员在各自的实践重叠领域以及具有独特专长的领域合作。怀斯特及其同事讨论了，当参与者更好地理解彼此在促进儿童发展中的角色和专长时，儿童全面心理健康护理具有无限潜力。我们非常赞同这一观点。由于工作时间安排过满，为了节省时间和资源而转投其他医疗机构或医疗系统，对培训和经验存在基本误解，以及每个专业人员工作环境中固有的日常工作挑战，合作努力（如电话沟通、参加专业会议和大会）每天都在不断受到挑战，这些挑战干扰了提供优质护理服务的连续性。我们相信，跨越自我强加的界限是合作的第一步，也是我们的目标。最后，立法和资助可以在很大程度上满足学生的心理健康需求。伊利诺伊州是发起并利用立法行动来提高全民意识和实施社会与情绪学习的典范。公共资金和补助资金为开展与心理健康相关的活动（如"安全学校，健康学生"）提供了大量财政资源。我们强烈建议你调查这些宣传和参与的项目或活动。

需要全面护理的心理健康问题的例子

有时，当学生的心理健康服务需求超出学校的能力范围时，就会出现需要获得全面护理的情况。尽管目前心理健康服务正在学校范围内不断扩大，但学生可能仍然需要从社区资源中获得学校没有的特定类型的护理。这些问题可能包括但不限于自杀意念和/或企图、药物和酒精滥用、急性精神病、严重失控的行为、暴力威胁、创伤、无家可归和其他复杂的社会心理压力。我们在以往的以学校为基础的工作中，曾多次帮助协调这类服务。这一过程可能具有挑战性，因为找到能满足学生需要的服务很困难，而且很难确保学生在获得这些服务并在多个治疗提供者之间协调时的护理质量。下面的案例突显了社区机构援助的心理健康问题。

精神病

雅翁是一名 17 岁的男生，初中时他是学校心理学家的紧急评估对象。上课阅读一本经典小说时，他变得非常激动，像有人站在他旁边一样喃喃自语，他的语言教师变得很担心。当教师问雅翁发生了什么事时，他非常生气，反复咒骂教师，然后冲出教室。学校心理学家的一项简短的评估表明，实际上雅翁听到“声音”大约有一年了，最近的“声音”听起来对雅翁更具威胁性。学校心理学家明白，雅翁需要一个更全面的评估。在 24 小时内，当地医院急诊科对雅翁进行了评估，结果发现他有“严重障碍”，需要住院治疗。雅翁在医院待了 2 周，接受了一个包括精神病学家、心理医生和有执照的临床社会工作者的心理健康小组的评估和治疗，随后回家。他的后续治疗方案包括持续用药，每周与家人一起接受心理治疗，并与学校商议回归学校的计划。学校心理学家被要求从门诊医生那里收集信息，来帮助雅翁更好地恢复。

酗酒和药物滥用

玛西亚是一名 15 岁的女生，在一个较为富裕的社区上学。在过去的几个月里，学校工作人员一直打电话给玛西亚的父母，通知他们玛西亚一再缺课，接下来要么选择来上课，要么退学。当期中成绩单被寄回家时，父母发现玛西亚的大部分课程都不及格。早些时候，玛西亚已经因未成年饮酒而被开罚单，随后禁足一个月。她的父母与学校辅导员见面，想获得更多信息，并制定一个使她回到正轨的计划。玛西亚的成绩下降得很厉害，所以辅导员询问她的父母是否怀疑玛西亚酗酒和/或非法使用药物。虽然玛西亚的父母并不认为情况是这样的，但他们同意将玛西亚带到酒精和药物治疗中心接受评估。在评估过程中，通过例行的毒理学筛查，发现玛西亚一直在使用大麻和可卡因。治疗中心建议立即开展紧急治疗，并要求玛西亚在治疗中心待 30 天，此外还要定期接受家庭心理治疗，虽然玛西亚反对，但她的父母同意接受治疗。学校辅导员询问玛西亚的父母以确定返校日期，并获得与社区治疗者交谈的书面许可。和所有长时间缺席课堂但最终返回学校的学生一样，学校辅导员会与玛西亚以及她的父母会面，以确定如何补课业，这样玛西亚仍然可以获得毕业学分。

创伤

泽里克是一个生活在农村社区的 10 岁移民双语女孩，五年级时，她是学校学生支持小组谈及的对象。教师因泽里克在课堂上越来越冷漠的行为而感到担心。在大约 4 周的时间里，她没有做任何事情，似乎非常缺乏注意力，而且对同学越来越不耐烦。她似乎很累，有时会在早上的课堂上睡着。学校要求泽里克的父母来学校谈论她的问题。泽里克的父母讲西班牙语，学校提供翻译服务。泽里克的父母表现出对她的睡眠和饮食情况的担忧：她几乎每晚都在做噩梦，几乎不吃晚餐。父母还注意到，她变得越来越急躁和无礼。当学校社会工作者询问是否发生过什么“坏事”时，她的父母说移民经历对他们家庭来说非常糟糕，因为他们最初没有解决住房问题，一家人大约有 3 周的时间无家可归。学生支持小组认为，泽里克需要接受学校评估，以确定是否可以提供其他任何支持，最后得出一个更全面的心理评估，这样可能对她更有益。但是，由于家庭资源有限，无法提供便利的交通，因而难以在他们生活的社区找到易获得的服务。学校社会工作者联系了附近城镇的一个社区心理健康中心，安排泽里克一家与一位讲西班牙语的有执照的临床社会工作者见面。学校社会工作者为泽里克一家提供了一张用于解决交通费用问题的证明，因为学校获得联邦政府用于协助农村社区为学龄儿童提供心理保健服务的补助金。

上述三个案例显示了学生每天面临的心理健康问题的严重性。有可能你很清楚案例中描述的心理状况，以及这些心理状况如何影响学业成绩，甚至每天的睡眠、饮食、社会关系和整体福祉。我们面临的挑战是，在学校需要提供的护理范围内向学生提供可行和有效的帮助。下一节概述了学校工作人员应该如何积极帮助学生及其家人获得他们可能需要的心理健康服务。

获得社区心理健康服务

社区面临的一个独特挑战是，确定其为学生提供所需的心理健康服务的程度。这是一个复杂的问题，直接的解决方法是，与行政管理团队沟通，以确定由学校发起的社区心理健康转介政策（例如，如何做，怎样和父母沟通，以及谁来承担支出）。社区资源紧急时（例如，一个青少年威胁自杀），或者在大多数情况下，如果受关注的对象的问题行为严重、持续并需要全面照顾，理解这些问题尤其重要。

> 通常，将学生转介给社区心理健康专业人士的学校工作人员会在其职业生涯中培养人际关系，并不断寻找能够有效为适龄学生及其家庭提供服务的人。

在什么情况下要转介？将学生转介给谁？要重申的是，当学生发生紧急情况时，他们通常会被送往当地医院的急救部门接受紧急诊断。这些学生包括你认为有可能伤害自己和他人，或者在某种程度上你觉得他们有问题的人（语言不连贯、思维严重混乱、反应迟钝、对外部刺激的反应有偏差）。绝大多数涉及此类问题的学生虽然没有受到很严重的伤害，但需要接受比在学校环境中更多的治疗，包括：需要澄清直接影响以学校为基础的课程的精神诊断问题，这将有助于改善心理健康和医疗状况；在教室中观察学生的行为问题，并帮助学生及其家庭获得对他们有益但学校无法提供的心理健康服务（例如，提供药物治疗，处理虐待、忽视和创伤问题）。有些学生经历情感挫折，虽不至于影响在学校的表现，但是在社区接受治疗将使这些学生受益。转介通常经由指定的心理健康专业人员实施，他们往往是学校心理学家、辅导员或社会工作者。这些专业人员是评估行动方案（即转介方案）的绝佳咨询来源。表 6－2 提供了转介过程应涵盖的领域的简要清单。我们还提供了工作表 6－1 以作为参考，即规划和协调以社区为基础的心理健康保健工作表。这个工作表包含表 6－2 中的许多信息，但它以一种更加实用的形式来指导与社区心理健康服务提供者接触并转介。当然，你应该确保在这个过程中遵循一定的转介政策和程序，但我们的经验是，许多学校系统没有明确定义此类转介，因此工作表 6－1 可以提供一种模板。

表 6－2　协调以社区为基础的学生心理健康保健清单

√ 确定学校的转介政策和程序。
√ 识别和描述学生的社会、情感、行为和学业问题。
√ 与指定的学校心理健康专家协商。
√ 列出可以提供帮助的机构或人员，并通知其与学生的初级保健师联系。
√ 联系学生的看护人和/或监护人。
√ 获得发布的信息，以便与社区机构交换有关该学生的信息。
√ 准备并发送一封信给相关的社区机构，描述观察到的行为及其对日常功能的影响。
√ 跟进：学生是否与转介机构有联系？学校和转介机构之间有沟通吗？如何参与学生的护理协调服务？

为学生确定“正确的”社区心理健康服务的提供者可能会使你感到困惑，但实际上它有一定逻辑！通常，将学生转介给社区心理健康机构的学校工作人员会与社区心理健康服务的提供者建立联系，不断更新能有效治疗学龄儿童及其家庭面临的各种各样的问题的人员名单，以便学生及其家庭可以接受有效的治疗。治疗儿童的心理健康问题面临独特的挑战——他们不只是简单的“小大人”，而且很少有专门的心理健康服务提供者为儿童工作。因此，为学生协调社区心理健康服务的学校工作人员必须不断与社区机构开展网络合作，寻找精神科医生、心理学家、有执照的临床社会工作者、有执照的专业顾问，以及其他针对学生的问题提供具体治疗的专业人员（例如，提供精神药物治疗、多系统治疗、团体治疗）。当收集学生的一般信息，或者学校被通知学生需要接受心理健康服务时，学校工作人员就会通过网络来联系社区机构。我们认为，这种网络工作不仅使学校有机会了解更多有关社区心理健康服务的情况，而且使社区心理健康服务提供者了解学校提供的系统服务及其不足之处。本着高效的精神，我们创建了一个信函格式示例（如表 6－3 所示），可用作模板，以便将相关信息简明地传达给负责这项工作的社区人员。社区心理健康服务提供者可以提供哪些服务？以下是对特定心理健康服务提供者及其典型实践领域的概括总结。这种描述并不意味着详尽无遗，各机构和社区之间肯定存在差异。

有执照的临床社会工作者

有执照的临床社会工作者会在社会工作、执照评估、诊断，以及针对儿童和成人各种各样的心理健康问题中提供个体和团体心理治疗，他们通常有硕士学位，有的甚至有博士学位，在社区和学校提供心理健康服务。有执照的临床社会工作者接受过专门的培训，为有日常生活需要的儿童和家庭提供各种社区服务，例如寻找安全住房、获取家庭暴力的有关信息，以及协调政府资助的项目，以对危机中的家庭提供财政援助。

表 6－3　向社区心理健康服务提供者写转介信的模板

[日期]

亲爱的[初级保健师或其他社区心理健康服务提供者的名字]医生：

我代表[学生姓名]写信，他是一名就读于[学校名称]的学生。在过去的 6 个月里，我们变得越来越担心[学生姓名]的行为。我们相信，这个学生可以从我们学校和你的照顾中受益。以下是最新的基于学校的信息：

年级：[插入年级]

特殊教育：[是，否；接受服务的范围]

学习成绩：[成绩、任务完成情况]

出勤情况：[缺勤、请假、未请假]

违纪记录：[转介、停学、开除]

行为：[例如，注意力不集中，无法完成任务，捣乱]

社交：[例如，朋友很少，看起来像一个"孤独的人"，独自坐着吃午饭，打架]

情绪：[例如，容易生气，看起来悲伤，表达希望从未出生]

其他：[例如，频繁去医务室，邻里压力]

我们期待与您合作，共同协助[学生姓名]。您可以拨打[电话号码]在上午 8 点到下午 3 点 30 分之间联系我。

真诚地，

[写信人的姓名]

[写信人的头衔、职位]

有执照的专业顾问

有执照的专业顾问有时也称为有执照的心理健康顾问。一个有执照的专业顾问必须具备咨询或与咨询高度相关的领域的硕士学位，已完成临床督导工作，并获得由国家许可证委员会颁发的证书。有执照的专业顾问的专业领域可能会有所不同，因此了解相关专业知识和经验可能会有所帮助。他们有资格诊断和治疗一系列心理健康问题，而且作为全面护理工作的一部分，经常与其他人员合作。有执照的专业顾问在各种环境中实践，包括社区心理健康机构、私人诊所和医疗场所。

有资质的心理学家

有资质的心理学家已完成相关的临床和咨询培训，大多获得学校心理学博士学位，并已达到所需的临床督导时数，通过了考察和同行审查资格许可过程。通常，他们在社区心理健康机构、私人诊所或医疗机构工作，有资格进行全面的心理评估，诊断复杂的心理健康问题，并提供个体和团体心理治疗。一些心理学家开展学术研究和教学，在少数国家他们可能会获得开处方精神药物的资质。心理学家还可以专门从事成人或儿童心理健康方面的工作，并可能有自己特定的兴趣和专业领域。询问他们的专业领域将帮助学校工作人员找到最适合学生特殊需要的心理学家。

精神病学家

精神病学家是在医学院、成人精神病学专业的住院医师项目，以及儿童精神病学领域（如果他们愿意）接受过培训的医生。精神病学家与有资质的心理学家在类似的环境中工作。他们的专业领域是心理问题的诊断和治疗，擅长开处方精神药物。一些精神病学家还把心理治疗作为他们工作的一部分，并有自己特定的专长和感兴趣的领域。重要的是，要询问精神病学家是否接受过儿童治疗培训，以及心理治疗是否包含在内。许多精神病学家和心理学家合作治疗一名儿童，其中精神病学家规定和监控药物，心理学家促进心理治疗。精神病学家和心理学家之间公开与积极的沟通是治疗学龄儿童的重要部分，因为不同的专业人员经常能在评估和治疗过程中发现不一样的问题。精神病学家和心理学家的合作可以提供一种全面的护理方法，不仅可以维护儿童的最佳利益，而且有助于了解彼此实践领域的专长。

儿科医生、家庭医生和护士

这些医疗服务提供者通常在医疗机构工作，要么在初级保健诊所工作，要么在医院工作，为儿童及其家庭提供一般医疗服务。他们主要开具治疗注意缺陷多动障碍等的精神药物，当这些医疗服务提供者接受更多培训并拥有更多工作经验时，他们对自己的工作会感到更轻松。许多人对将精神药物用于治疗复杂的心理问题的效果感到怀疑，如儿童抑郁症和焦虑症、双相情感障碍、抽动秽语综合征（一种特殊类型的抽动障碍，往往有社会心理并发症）和精神疾病。当照料者担心孩子的社会、情感和行为功能时，他们通常首先带孩子去初级保健诊所。所以，必须排除这些问题的机体或医学原因。学校工作人员可以与这些医疗服务提供者交谈以获得信息，从而解释在学校里观察到的行为。虽然学校工作繁忙且医疗实践计划安排过满，协调这种沟通可能会是一项挑战，但我们发现大多数初级卫生保健机构都渴望与学校合作。

综上所述，如果我们对儿童的发展采取一种生态学的方法，那么我们必须认识到，当出现严重的心理健康问题时，各类社区心理健康专业人员在促进儿童社会、情感和行为改善方面所起的作用。本章最后一节简要介绍了社区中各种心理健康专业人员提供的服务，这些服务都致力于促进儿童的健康。这里的重点不是熟悉这些专业资源，而是以头脑风暴的方式思考如何在学校、家庭和社区之间协作。许多需要密集的心理健康服务的学生都有非常复杂的社会心理问题，这就要求多个学科协调运作。这可能是一个耗时的过程，我们希望你使用培训、技能和经验，以一种对你自己和学生都有效的方式来启动这种协作。

本章小结

毫无疑问，许多学生的心理健康问题具有复杂性、多样性和严重性。如果我们想真正有效地满足所有学生的学业和心理健康需求，就必须正视这个事实。好消息是，近年来学校干预(包括社会与情绪学习)方面有了许多积极的发展，可以帮助我们更加有效地满足学生的需求。表 6 - 4 列出了一些建议额外阅读的材料，我们认为这些材料将为你在处理学校心理健康问题上提供坚实的基础。有时，看待这些令人望而生畏的问题的一种积极方式是，认识到你不是一个人在处理这些问题，而是作为一个更大的学校系统或社会团体的一部分，这个学校系统或社会团体拥有丰富的可满足学生需求的专业知识。为此，使用社会与情绪学习以及社区资源来满足学生最强烈的需求的一些关键方面包括：

表 6-4　针对学校心理健康问题建议额外阅读的材料

Berman, A. L., Jobes, D. A., & Sliverman, M. M. (2005). *Adolescent suicide: Assessment and intervention* (2nd ed.). Washington, DC: American Psychological Association.
Brown, R. T., Carpenter, L. A., & Simerly, E. (2005). *Mental health medications for children: A primer*. New York: Guilford Press.
Merrell, K. W. (2008). *Helping students overcome depression and anxiety: A practical guide*. New York: Guilford Press.
Nastasi, B. K., Bernstein, R. M., Varjas, K. M., & Moore, R. B. (2004). *School-based mental health services: Creating comprehensive and culturally specific programs*. Washington, DC: American Psychological Association.
Sprague, J. R., & Walker, H. M. (2004). *Safe and healthy schools: Practical prevention strategies*. New York: Guilford Press.
Weist, M. D., Evans, S. W., & Lever, N. A. (2003). *Handbook of school mental health: Advancing practice and research*. New York: Springer.

- 在三级预防模型中，我们可以最大限度地为所有学生提供初级干预或普遍性服务，以便最大幅度地提升最需要帮助的学生的心理健康水平。这方面的一些最佳策略包括采用综合预防方法。
- 为有心理健康问题风险的学生提供许多可选择的次级干预措施。这些干预措施可用于一般课堂环境或针对少数学生的特别课程。丰富通用的基于课堂的社会与情绪学习项目，为处于风险中的学生提供一个新颖的、高强度的社会与情绪学习版本，这是一个很好的次级干预的例子，因为它使用脚本化的

干预程序，专门为有风险的高危学生提供早期预防性干预。

- 对心理健康服务有强烈需求的学生处于三级预防模型的第三层次（通常占学校人口的5%），他们可能会获益于同特定的额外支持和资源相结合的社会与情绪学习项目。这方面的最佳做法之一是，提供环绕式服务（一个在学校、社区和家庭环境中提供支持和干预的全面计划）以防止心理健康问题恶化，使学生恢复到最佳的心理健康水平。
- 当你计划在学校和社区环境中协调心理健康服务时，我们建议你考虑学生生活的整体生态学，例如社区需求和优先事项、文化问题、可利用的资源、家长参与，以及当你向前协调推进时如何继续使用有效的学业干预等问题。
- 大多数社区都有不同的心理健康从业者，他们可以帮助你在忙于提供协调的护理系统时，照顾有最严重的心理健康问题的学生。在这方面，社区中最有可能提供协助的专业人员包括有执照的临床社会工作者、有执照的专业顾问、有资质的心理学家、精神病学家，以及初级医疗服务提供者，如儿科医生、家庭医生、有心理健康保健专业知识的护士。

应用场景：学校辅导员在协调心理健康保健方面的经验

最近，一位在经济水平较低的城市学区工作的学校辅导员从社区基金会那里获得一笔小额资金，用于实施一个新的社会与情绪学习课程，这有助于学生理解他人的观点，培养同理心，识别情绪。到目前为止，学生都很喜欢这个课程，收集到的进度监控数据表明，学生能够识别他人和自己的情绪，而且课堂上的冲突减少了。马库斯是一个8岁的混血男孩，他就读于一所城市小学，参加这个课程约7个月了。马库斯总是很害羞，不愿意和其他孩子互动，尽管参加了这个课程，但他的问题依然没有得到改善。学校辅导员与校长交谈后决定让马库斯参加每周一次的咨询，以便收集更多信息，更好地了解如何帮助他。在咨询过程中，学校辅导员怀疑马库斯可能有持续多年的严重焦虑，于是联系了马库斯的监护人——他的祖母，祖母也表示很担心这个问题。为了了解马库斯的生理状况，时常与他的初级保健师见面会有所帮助，而且马库斯可能需要更多支持。幸运的是，他的成绩处于中等水平，也没有任何违纪问题。学校辅导员同意给马库斯的初级保健师写一封简短的信，告知其学校的担忧。然后，初级保健师会与马库斯的祖母预约见面。在马库斯有机会去看医生之后，他们安排在2周内再谈一次。学校辅导员写了一封信，并把它传真给初级保健师。在几次尝试联系初级保健师并得到回复后，他们就马库斯的行为进行了简短的电话交谈。初级保健师表示感谢这次联系，因为这些信息指导马库斯和他的祖母去社区机构以便可以获得进一步的帮助。

工作表 6－1　规划和协调以社区为基础的心理健康保健工作表

学生的姓名/年龄：________________

学生父母/监护人的姓名/联系方式：________________

获得父母同意/书面信息发布的日期：________________

在以下空白处总结学生的主要社会、情感、行为和学业问题，这些问题是导致其需要接受社区心理健康服务的原因。如果有需要，可以附上其他报告或支持证据。

列出在转介时应通知的机构或服务提供者，并允许发布信息。

____

____

有关后续行动和结果的说明：

第七章

社会与情绪学习的评估策略

本章引言和概述

任何一位熟悉美国基础教育(K－12)日常学习的人,都会意识到考核与评估的重要性正日益突出。从学龄前儿童的发育筛查到高中毕业生的能力测验,学生都很清楚地知道,测验本质上已融入学校经历。通常,教师是实施这些测验评估的人。尽管教师可能已经完成他们的职前专业教育培训,但很少受到教育评估方面的正式培训,最终教师只能在以后的工作中学习评估技能,而且通常会被默认为专家,不管他们是否真的如此(或实际上拥有专业的评估知识)。至于管理者……让我们说得更简洁明了一点,在这个教育问责制的年代,学校管理者可以基于他们在学校的表现而被任命或罢免,这根据学校在州教育部门和联邦《不让一个孩子掉队法案》要求的标准测验中的表现来评定。这些评估结果和报告单会在报纸上刊登,导致领导力和资源像多米诺骨牌倒下,房地产经纪人用它们来说服潜在的购房者,让他们相信自己的梦想之家位于"好"学区。

但是，正如我们所看到的，人们对测验的热情和学校标准化学业成绩评估涉及的内容与正在推动儿童社会情绪能力领域发展的努力是脱节的。鉴于这种矛盾的事态，我们尽力为你呈现开始评估社会与情绪学习能力时所需的基本工具。为此，本章从概述评估社会与情绪学习能力的基本问题开始，包括最普遍的评估方法，这一领域推荐的评估策略，并简要回顾目前这一领域可以使用的一些有前景的、较新的评估工具。然后，详细介绍在评估时使用的四阶段模型，以帮助你解决问题。在讨论和举例部分将介绍，如何使用教育领域新兴的学生支持三级模型来指导我们在社会和情绪技能领域的决策，我们会展示如何以一种新颖的方式，使用简洁的实验方法完成社会与情绪能力评估，帮助你监控所关注的学生个体的社会与情绪学习干预进程。

评估社会与情绪学习能力

准确的评估形式是干预有效性的基础。不幸的是，大多数时候社会与情绪学习能力的评估是可有可无的。

设计、实施和研究社会与情绪学习项目的综合经验使我们相信，除少数个例外，学生社会与情绪学习能力的评估主要通过事后回顾的方式，主要评估我们想要提升的实际行为、技能和个人特征。为什么在社会与情绪学习过程的众多专业技能中，评估经常被看作可有可无，主要原因有：第一，社会与情绪学习项目的设计者(包括我们)倾向于把精力、努力和个人资源投入课程内容，以确保这些课程内容对将要使用它的人来说是可接受的。对大部分项目开发者来说，只有当他们需要考虑提供有关项目影响力的证据时，评估策略才会变成他们感兴趣的内容。第二，大部分教师和从业者理所当然地聚焦于他们的干预。如果他们对评估干预产生的影响感兴趣，这通常是因为外部压力让他们提供证据，证明是他们正在做的事情提升了学生的成绩。因此，如果有任何程序关注学生社会与情绪学习能力的评估，那么它通常处于后面的进程中，而且评估工具经常是根据其获得的容易程度或从他人正在使用的工具中匆匆选取出来的。第三，很多研究社会与情绪学习干预效果的专业人员(包括我们)，倾向于把大部分注意力集中于研究性学习的设计和实施的实用层面，例如确定治疗的保真度、确保干预者走上正轨，以及处理开展研究的日常问题。公平地说，评估学生取得的结果对社会与情绪学习项目的研究者来说很重要，但是目前还明显缺乏专门为社会与情绪学习能力设计的可使用的良好的评估工具。

此外，相比于认知或学业表现的评估工具，儿童的社会和情绪能力评估工具不仅短缺，而且在社会和情绪领域大部分可使用的有效的评估工具都是病理取向的，这意味着它们聚焦于儿童的问题、功能紊乱或障碍，而倾向于忽视儿童的社会和情绪能力或优势(Merrell，2008a，2008b)。因此，当开发人员进行评估时，准确的评估是有效干预的基础。不幸的是，对社会与情绪学习能力的评估大多是事后的想法。教师或研究人员在试图选择合适的工具来评估社会与情绪学习的影响时，往往会面临这样的选择：要么测量积极的特征，但这些特征并不能完全反映社会与情绪学习项目的全部内容（如社交技能评定量表或自我概念测量）；要么选择问题行为或心理病理学量表（如儿童抑郁量表或品行问题量表），并试图根据它是否能减少学生的问题症状来评估项目的影响。不幸的是，如果我们要准确评估或测量社会与情绪学习项目所针对的学生能力和特征的范围，这两种方案都不是我们最需要的。

我们可能正处于儿童青少年社会和情绪评估新时代的风口浪尖。有明显的迹象表明，我们正开始看到一项基于优势的综合评估运动。

尽管这些挑战涉及社会与情绪学习能力的有效评估，但看起来我们可能正处于儿童青少年社会和情绪评估新时代的风口浪尖。有明显的迹象表明，我们正开始看到一项基于优势的综合评估运动，这种评估与针对疾病和问题的广泛评估处于同等地位。当然，我们还没有完全做到这一点，但这一领域正在逐步建立坚实的基础（Beaver, 2008; Jimerson, Sharkey, Nyborg, & Furlong, 2004）。

评估方法

在广泛使用的研究生教科书中，梅里尔（Merrell, 2008b）提出六种关于儿童青少年社会和情绪的基本评估方法：

- 直接的行为观察
- 行为评定量表
- 自我报告工具
- 社会测量技术
- 投射表达技术
- 访谈技术

也有一些跨类别的混合评估方法的例子，或者不完全适合任何现有单一类别的评估方法，但这六种基本方法代表了大多数可使用的和经过验证的针对儿童青少年的社会和情绪评估方法。每种方法都有其适用领域，投射表达技术的可靠性和有效性不强，以至于对它的使用备受质疑，但是在评估高风险决策时该方法在某些地区仍然很流行(参见 Merrell，2008b)。

考虑评估社会与情绪学习能力时，如果我们从混合评估方法中删除投射表达技术(这是一个聪明的选择，因为迄今为止这些程序中没有一个是专门为社会与情绪学习设计的)，就剩下五种评估方法可以选择。事实上，评估社会与情绪学习能力时，这五种方法的效果和作用并不完全等同，尽管它们都在其他具体领域有各自的优势。

社会测量技术(评估程序要求学生评估同伴的社会和情绪状态)已经显示出对实验目的的有效性，而且具有很强的心理测量特质，但用它评估社会与情绪学习根本不实用，即使只有一个学生被评估，这种方法也需要获得一个班级或团体中所有学生的父母的同意。另外,社会测量技术倾向于聚焦社会声誉或社会地位,而不是专门的社会能力。

直接的行为观察是一个非常有效的评估社会行为的方法,许多研究者认为,它是评估儿童社会和情绪特质的最自然、最科学可靠的方法。即便如此,直接的行为观察对社会能力的评估则没有这么强的效果,而且有时对它的使用或验证是为了评估儿童特质,但儿童特质不容易通过外部手段观察,例如儿童的心境状态、是否掌握正确的社会情绪行为知识,或是否具备发散性思维的能力。另外,当观察数量有限时(例如一个或两个,往往是这种情况),直接的行为观察可能会导致社会和情绪干预结果评估出错(参见Merrell, 2008b)。

在所有社会和情绪评估方法中,对儿童青少年的访谈是使用最广泛的方法。尽管它在结构和可靠性方面差异很大,但访谈是直接从儿童青少年身上获得信息,因此对评估儿童青少年来说非常可靠。即便如此,访谈并不是社会与情绪学习能力的主要评估方法,因为很少有研究者为了这个特定目的去开发和验证一项访谈,此外对整个班级或团体进行访谈需要大量时间。

推荐的评估方法和工具

当我们把在评估学生的社会与情绪学习能力上看起来没太大用处的四种方法除去时,对这个领域的评估就剩下两种被广泛使用和验证的方法——行为评定量表和自我报告工具。现在,我们开始讨论这两种用于评估学生的社会与情绪学习能力的方法,重点是介绍同社会与情绪学习相关的工具。以这种方式限制探讨的范围后，我们必然会跳过一些在这个领域最有效和最广泛使用的评估工具，例如阿肯巴克实证评估系统和儿童行为评估系统第二版，它们主要用于测量问题行为，没有完全捕捉到开发者、实践者或研究者可能希望在评估工具中包含的社会与情绪学习能力的广度或深度。

行为评定量表和自我报告工具是测评社会与情绪学习能力的最广泛使用的方法。

接下来简要描述一些和评估社会与情绪学习能力特别相关的具体工具作为示例，尽管我们并不声称我们的综述旨在涵盖所有已经开发和使用的工具。在本节中，我们选择的工具包括商业出版的测量工具，以其他方式在公共领域容易获得的测量工具，以及可以通过互联网搜索到的测量工具。之所以选择这些工具，是因为它们具有坚实的研究基础和技术特性。由于一些可用的评估系统既包括行为评定量表，也包括自我报告工具，因此我们没有按照这些类别对我们选择的评估工具进行分组。相反，我们按字母顺序排列，并在描述中注明评估使用的方法。

行为情绪评定量表第二版

由爱泼斯坦（Epstein，2004）编写的行为情绪评定量表第二版（Behavioral Emotional Rating Scale—Second Edition），是一个评估儿童青少年（5～18 岁）的个人优点和能力的真正的多模式评估系统，包括一个家长评定量表、一个教师评定量表和一个学生评定量表。行为情绪评定量表第二版有52个项目，这些项目测量了学生的许多个人优点和能力，特别是人际力量或社会能力、与家人的关系、内在力量（儿童内部资源）、学校功能、情感力量。针对年龄稍大的青少年，该量表还可以测量事业潜力（工作习惯及其调整、职业兴趣）。该评估系统旨在为学生服务作规划，评估服务和计划的影响，以及为特殊项目的资格和安置作出决定。该量表基于大量具有代表性的儿童青少年样本而编制，合乎标准和规范。学生评定量表和家长评定量表仅适用于没有功能障碍的学生，无论学生是否有功能障碍，教师评定量表都适用。学生手册包含关于行为和情绪障碍的补充规范。测验手册包含将原始分数转换为百分位数以及在各自的分量表和总分上的分数的表格。总分是指综合各个分量表的得分情况。行为情绪评定量表第二版的技术特性很强，而且拥有坚实的研究基础，其中包括用于创新干预程序的几项成果研究。行为情绪评定量表第二版是一个典型的基于优势的评估系统，便于推荐。我们特别喜欢这个系统的项目范围和分量表。它被设计用来评估社会与情绪学习干预中一系列极重要的积极技能、属性和特质。

发展资源量表

由搜索研究所（Search Institute，一个非营利组织，总部位于明尼苏达州，致力于促进健康青年的发展）的人员（2004）开发的发展资源量表（Developmental Assets Profile, DAP），是一个给六年级到十二年级(11～18岁)的学生使用的自我报告评估工具,发展资源量表被设计用来测量学生从初中到高中的积极资源,包含58个项目,这些项目基于40种发展资源,一共8类：支持、权力、界限和期望、时间的建设性使用、致力于学习、积极价值、社会能力和积极自我。发展资源量表的分数也可以根据5个不同的领域来分析,包括个人、社会、家庭、学校和社区环境。发展资源量表可以在任何地点通过传统的纸笔方式施测,或在搜索研究所的网站(网站也提供评分服务)上以网络形式施测。线上和纸笔评估都既可以是个体施测,也可以是团体施测,而且每种方法都使用各自不同的量表。施测过程平均需要10～15分钟。发展资源量表的常模样本适当,而且我们认为它的技术特性足够好,可以与那些广为人知的社会和情绪评估方法相媲美。尽管发展资源量表并不是为了充当社会与情绪学习测量工具这一特殊目的而开发出来的,但是我们认为它和这个目的非常匹配。它和社会与情绪学习能力的重要方面,以及成功实施项目后预期的结果密切相关。尽管严格来说,发展资源量表是学生自我报告评估,而且不具有成为多信息评估系统一部分的优势,但它看起来是社会与情绪学习评估领域的一个潜在的良好选择。

德萨学生优势评估系统

另一个用于儿童社会与情绪能力的基于优势的评估工具是德萨学生优势评估系统(Devereux Student Strengths Assessment；LeBuffe, Shapiro, & Naglieri, 2009)。德萨学生优势评估系统是一个独立的行为评定量表，包含 72 个项目，针对从幼儿园到八年级的目标学生，由家长、教师或者课后护理人员完成。完整的德萨学生优势评估系统使用五点反应量表来评级（0～4 分别代表“从不”“很少”“偶尔”“经常”“总是”），大约需要 15 分钟完成。一个非常简洁的 8 个项目的德萨学生优势评估系统（叫作“迷你德萨”或者“1 分钟检查”）适用于并不需要完整评估或者完整评估不可能完成的情况。德萨学生优势评估系统的项目基于与儿童风险因素和保护因素相关的理论，其具体目标是关注在抵消风险因素的不良影响或建立心理弹性方面可能发挥重要作用的保护因素。因此，德萨学生优势评估系统的项目采用积极的表述，要求评估者对一般项目作出回应，例如“在过去的四周里，这个孩子……”，评定的具体项目为“给某人以帮助”“在项目中努力工作”“向他人寻求反馈”等。德萨学生优势评估系统可以手动计分，这是出版者标准评估的一部分，也可以使用在线评分和报告程序。德萨学生优势评估系统包含自我管理、目标导向行为、自我意识、社会意识、个人责任、决策能力、关系技能等分量表，反映了项目之间的共性。可以获得保护因素总分——单个项目得分的总和。德萨学生优势评估系统的发展受到人们的充分重视，值得注意的是理论建构问题和测验的实施细节。全国常模样本巨大且令人印象深刻，心理测量学属性和基本效度研究同样令人印象深刻。德萨学生优势评估系统可能出于以下原因受到人们的推荐：聚焦于保护因子或心理弹性，拥有双重评分者（家长和教师）目标，符合在教育领域越来越受欢迎的三级预防模型的结构，拥有强大的技术特性，可以使用非常简洁的 8 个项目的“迷你德萨”版本。德萨学生优势评估系统的主要缺点是，缺乏一个自陈版本以供学生使用，事实上它只打算在八年级使用。根据潜在用户的需求和目标，上述缺点可能是也可能不是重要问题。总的来说，德萨学生优势评估系统似乎是社会和情绪领域现有评估工具的有效补充。

情商问卷青年版

多年来，“情绪智力”的概念一直是心理学理论的一部分。20 世纪 90 年代，这一概念被记者戈尔曼(Daniel Goleman)大规模推广和普及(Goleman, 1995)。巴伦情商问卷的目的是评估社会和情绪优势，以及如何有效地将其应用于日常实际问题和情况。尽管研究者和出版者编制了许多情商问卷，但我们关注的重点是 6～18 岁儿童青少年使用的版本——巴伦情商问卷青年版(Bar-On Emotional Quotient Inventory—Youth Version, EQI - YV; Bar-On & Parker, 2000)。该问卷包含 60 个项目，可分为七个分量表：人际关系、内省、适应性、压力管理、总体情绪、积极印象和一致性指数。可以得出情绪智力总分。该问卷有一个包含 30 个项目的简化版本，它在概念上类似于常规版本，完成的时间变少，但是施测可靠性稍低。巴伦情商问卷青年版是一个易于使用的自我评分的纸笔形式的评估，它的常模样本巨大且令人印象深刻，而且心理测量学属性较好。该评估的优点是，它作为一个更大的评估系统的一部分，主要包括以成年人为中心的测量，有已发表的研究和可检索的专业报告以供参考。虽然情绪智力的概念仅仅是社会与情绪学习能力的一个方面,但我们认为这一测量方法适用于一般领域,有时它可以作为一个良好的结果评估工具。例如,当社会与情绪学习的教学重点是增强学生对他们的社会和情绪知识的实际应用时,我们把这个评估放在推荐清单上,但是没有注意到它在社会与情绪学习应用上的潜在缺点。就像发展资源量表,它仅限于自我报告,没有可以比较的家长或教师评定版本供报告者交叉评估。此外,尽管出版者声称,学生拥有四年级的阅读水平就能够理解这些项目,但根据我们的经验(以及对特定项目的理解),问卷包含的项目对阅读能力差的学生来说可能太难了,尤其是比预期年龄要小的学生,他们可能需要帮助以解码和理解一些更复杂的项目。

社会情绪资源和心理弹性量表

在现有的基于优势的评估工具中,用于评估儿童青少年社会与情绪学习能力的最新工具是社会情绪资源和心理弹性量表(Social-Emotional Assets and Resilience Scales, SEARS; Merrell, 2008c)。该量表是一个报告者交叉评估系统,包括三年级到六年级的儿童自我报告版本(SEARS - C)、七年级到十二年级的青少年自我报告版本(SEARS - A)、幼儿园到十二年级的学生的教师报告版本(SEARS - T),以及 5～18 岁的儿童青少年的家长报告版本(SEARS - P)。该量表的四个版本每个包含 52～54 个项目,需要 12～15 分钟完成,可以使用纸笔测验,评估在过去六个月里，每个项目对目标学生来说真实性如何（“从不”“有时”“经常”“几乎总是”“总是”）。四个版本的项目在概念上相似，并被设计用于发掘同样的结构（例如，应对技能、社会情绪能力、自我调节、问题解决能力、情绪知识、共情、整体自尊等），但项目设置和语境措辞略有不同。就儿童自我报告版本和青少年自我报告版本而言，在儿童青少年发展差异的基础上，它们有一些措辞和内容上的细微差异。社会情绪资源和心理弹性量表的四个版本可作为多因素个体评估测量系统的一部分，用于个体或团体筛选、社会与情绪学习干预项目的结果测量，以及研究目的的考察。此外，社会情绪资源和心理弹性量表的简化版可用于社会与情绪学习干预的个人进度监控，包括在干预响应框架内使用，以确定学生对干预计划的反应情况。社会情绪资源和心理弹性量表的组成部分在儿童青少年、家长和教师的大量代表性样本上进行了规范化和标准化。原始分数被转换为百分等级，以及学生需要的与三级预防模型紧密联系的分数水平（为 80％的学生提供核心指导，为 15％的有风险的学生提供补充指导，为 5％的高风险学生提供强化指导）。对社会情绪资源和心理弹性量表的评估显示其具有良好的心理测量学属性，包括高信度、高效度以及可靠的临床实践性，而且对学生因参加社会与情绪学习项目而产生的社会情绪能力和资源的改变很敏感。鉴于开发社会情绪资源和心理弹性量表的首要目的之一是用于干预追踪和结果测量，而且该量表的项目内容代表了广泛的学生优势、资源和社会情绪能力，因此它填补了这一领域现有评估的不足。

社会技能测量

前面阐述了五种评估工具或系统(行为情绪评定量表第二版、发展资源量表、德萨学生优势评估系统、巴伦情商问卷青年版以及社会情绪资源和心理弹性量表),它们代表了儿童青少年社会情绪能力基于优势的评估的重要进展。除了这五种涵盖范围广的评估工具或系统,另一种类型的评估要考虑聚焦于社会技能或社会能力。这部分内容简要介绍两种有代表性的评估系统。虽然它们往往不涵盖先前讨论的五种评估工具涉及的广泛的社会情绪能力,但在教育和儿童心理健康机构中有悠久的有效使用历史,而且它们在最重要的同伴关系和社会技能评估中特别有用。

社会情绪资源和心理弹性量表已被证明具有很好的心理测量学属性,并对学生社会情绪能力的变化很敏感,这种变化来源于参加社会与情绪学习项目。

社会技能提升系统(Social Skills Improvement System, SSIS; Gresham & Elliott, 2008)是一个综合性的社会技能评估和干预工具,适用于3～18岁的儿童青少年。社会技能提升系统是社会技能评定系统(Gresham & Elliott, 1990)的更新版。社会技能提升系统包含教师、家长、儿童青少年使用的报告者交叉评估工具。项目数量为34～57个,采用三点评分量表(“0=从不”“1=有时”“2=经常”)。社会技能提升系统包含社会技能(该系统的焦点,包括5个分量表)、问题行为(包括3个分量表)和学业能力三个测量范围或领域。原始分数被转换为标准分数、百分等级和行为水平，既可以使用标准的纸笔手工评分系统，也可以使用计算机辅助评分软件。社会技能提升系统拥有的研究成果比本章所述的其他任何评估工具都要多，而且有很强的技术特性。如果使用者想在与干预相联系的一个报告者交叉评估系统范围内重点关注社会技能和问题行为，它是筛选、评估或结果测量的一个非常好的选择。

另一个考虑社会技能或社会能力的评估系统是学校社会行为量表第二版(School Social Behavior Scales, 2nd Edition, SSBS-2; Merrell, 2002a)或家庭和社区社会行为量表(Home and Community Social Behavior Scales, HCSBS; Merrell, 2002b)。学校社会行为量表第二版是一个可供教师使用的，对幼儿园到十二年级学生的社会行为进行评定的工具。家庭和社区社会行为量表是由5～18岁儿童青少年的家长使用的一个类似的测量工具。这两个量表都包含64个项目——一个32项目的社会能力分量表和一个32项目的反社会行为分量表。该系统的社会能力/反社会行为的内容重点非常独特，仅在社会能力和反社会行为上，而避开其他类型的能力和问题行为，以确定同伴间的社会互动(积极和消极)，以及儿童青少年的社会优势和社会缺陷。原始分数被转换成分量表分数和总分，可通过简单的手工评分将原始分数输入评级表格中，并将原始分数转换为标准分数、百分等级和社会功能水平。学校社会行为量表第二版以及家庭和社区社会行为量表具有坚实的研究基础、强大的技术特性、大量常模样本，以及一个对使用者来说非常实用的重点。当重点是积极和消极的同伴间社会互动以及其他形式的社会行为，它们在筛选、评估和结果测量上都是非常好的选择。

综上所述，本节简要介绍的七种评估工具或系统，为对评估儿童青少年的社会与情绪能力感兴趣的研究者提供了广泛的选择。每种评估工具或系统都有其独特性，具有不同的重点领域或目的，有它们值得推荐的强大的技术特性和实用优势。表 7－1 列出了推荐的五种社会与情绪能力评估工具或系统，包括对评估工具或系统的简要描述、它们的预期目标和重点，以及适用的年龄或年级范围。表 7－2 列出了两种社会技能/社会能力评估系统的相似信息。表 7－1 和表 7－2 将为你选择评估工具或系统以满足特定评估需要提供一个很好的起点。

表 7－1　社会与情绪能力导向的五种评估工具或系统推荐

评估工具或系统名称	重　点	年龄或年级范围	组成部分和项目
行为情绪评定量表第二版	社会和情绪优势，职业兴趣	5～18 岁	教师、家长和学生自我报告量表；52 个项目
发展资源量表	发展资源	6～18 岁	学生自我报告量表；58 个项目
德萨学生优势评估系统	社会和情绪能力的全面评估	幼儿园到八年级	教师和家长量表；72 个项目

续　表

评估工具或系统名称	重点	年龄或年级范围	组成部分和项目
巴伦情商问卷青年版	社会和情绪优势，情商	6～18岁	学生自我报告量表；60个项目
社会情绪资源和心理弹性量表	社会和情绪能力、资源以及心理弹性	5～18岁，幼儿园到十二年级	教师、家长和学生自我报告量表；52～54个项目

表7-2　社会技能/社会能力导向的两种评估工具或系统推荐

评估工具或系统名称	重点	年龄或年级范围	组成部分和项目
社会技能提升系统（以前称为社会技能评定系统）	社会技能、问题行为、学业能力	幼儿园到十二年级；3～18岁	教师、家长和学生自我报告量表；34～57个项目
学校社会行为量表第二版或家庭和社区社会行为量表	社会能力和反社会行为	幼儿园到十二年级；5～18岁	教师和家长报告量表；64个项目

利用评估数据解决问题

我们简单探讨了对评估学生的社会与情绪学习能力特别有用的一些特定的评估方法和工具，接下来介绍如何在日常工作中使用这些评估方法和工具。评估的细微差别和技术性综合指南超出了本书的范围，我们将重点放在本节的几个关键方面，如使用评估数据指导决策，提供教育和心理健康服务。为了更深入地指导儿童青少年的行为、社会和情绪评估，我们建议你熟悉该领域研究生水平的标准教材，如《儿童青少年行为、社会和情绪评估》(*Behavioral, Social, and Emotional Assessment of Children and Adolescents*; Merrell, 2008b)。

> 考虑把评估作为问题解决过程的一部分，这会帮助你把注意力集中在评估和回答最重要的问题上。

梅里尔(Merrell, 2008b)教材的前提之一是，行为、社会和情绪评估(包括社会与情绪学习能力评估)最好在四阶段问题解决过程的背景下使用。这样，你不太可能会忽略评估目的的"大局"，而且无论你评估社会与情绪学习能力的具体目的是什么，你都将集中精力评估信息，以帮助你回答最重要的问题。本节接下来简要描述四阶段问题解决过程(见表7-3)，重点是如何在社会与情绪学习的前后关系中考虑这些阶段(有关此模型的完整讨论，请参阅Merrell, 2008b)。

表7-3　四阶段问题解决过程

阶段一：问题识别和澄清
● 你的主要关注点是什么?(某个学生、整个班级或学校?)
● 你想解决什么问题?
● 评估的预期目的是什么?
阶段二：数据收集
● 需要哪些信息?
● 什么评估方法、程序和测量能最好地提供这些信息?
● 哪种潜在的数据收集方法最适合你的学生和这种情况?

续 表

阶段三：分析
- 评估数据是否验证了或回答了你的问题？
- 评估数据提供了关于你的学生的哪些其他信息？
- 如何使用评估数据来回答具体的转介问题？
- 哪些因素会导致问题或担忧？
- 有没有漏掉的评估数据可以更好地解决这个问题？如果有，如何获得它？

阶段四：解决方案和评估
- 基于所有可用的信息，什么应该作为干预目标？
- 什么是最合适的干预或程序类型？
- 哪些资源有利于实施干预？
- 在干预过程中收集连续的评估数据有用吗？
- 哪些内容可以用来评估项目或干预的有效性？

阶段一：问题识别和澄清

第一阶段最重要的任务是回答一些基本问题，这些问题将以清晰的方式阐明为什么要把评估放在首位。要做到这一点，重要的是确定评估重点和为什么收集评估数据。通常，你的学生（或某个特定的学生）是你评估的重点，但收集评估数据的目的可能比较复杂。有时你想解决的问题或疑惑清晰、明了，但有些时候情况并不这样。例如：你是否只关注评估跟社会与情绪学习相联系的学生的社会与情绪能力？你是否还需要关注问题行为？你是否只关注学生的技能和特点，或者你有兴趣学习更多有关课堂氛围和同伴关系的问题？你的评估可能不止一个目的，例如评估诊断可能存在的问题，评估某个社会与情绪学习项目对问责制的影响，甚至从个别学生那里收集详细数据，这些数据可能用于制定干预计划，甚至用于确定接受特殊服务或项目的资格。

阶段二：数据收集

第二阶段主要收集评估数据。我们建议你根据评估目的、学生的特点和正在寻求解决的问题，来指导评估程序和具体工具的选择。明确需要什么信息，确定哪些评估方法、程序和工具会更好地帮助你获得所需的信息。明确需要什么信息后，仔细考虑你的学生的性格特点、存在的问题和特定情况，以确定哪些信息收集方式更有用。例如，如果你更关心学生的同伴关系技能，以及他们在社交过程中如何接受彼此，那么选择关注这些特征的工具会更有意义，而不是选择问题行为评定量表或情绪智力测验。理想情况下，你会和团队讨论这些问题，找出你希望解决的关键问题，确定最可行的测量方法（家长、教师或自我报告），将这些目标与预估范围内可用且适合的评估工具进行比对。

阶段三：分析

第三阶段的重点是详细分析收集到的评估数据。在分析过程中，最重要的是确认数据能否证实存在问题或技能缺陷，以及可能导致问题或技能缺陷的原因，如果存在问题或技能缺陷，你可能需要进一步评估数据。如果需要额外的信息，你要考虑是否可以从主要任务中获得这些信息，如果可以，你将如何去做，从现有的学校记录中是否可以获得更多信息，还是需要新的评估。如果需要新的评估，是否有简单的方法可以及时且经济、有效地获得这些信息？谁会提供这些信息？如果你确信需要额外的信息，但收集信息的时间和资源有限，那么需要考虑上述问题。

阶段四：解决方案和评估

在以四阶段问题解决过程模型为导向的评估中，最后一个阶段往往是最困难的，因为你将决定如何使用获得的评估信息来帮助你解决关心或想回答的问题。最终，你可能会对评估自己开发的解决方案的有效性感兴趣，尤其是该解决方案涉及选择特定的社会与情绪学习技术或项目，并向学生教授该技术或项目时。如果没有与需求紧密相关的正式的数据评估，那么我们很难知道你做了什么工作。理想情况下，你应该根据收集到的所有关于你的学生的优势、缺陷和问题的信息，首先确定干预的主要目标。然后，确定最适合这些目标的干预类型或项目类型，以及你可能需要的任何额外资源。开发一个干预项目时，同样需要考虑在实施干预或社会与情绪学习项目的过程中如何收集连续数据，或者是否需要这个过程。针对个别学生的干预，收集连续数据可能是干预成功的必要条件，因为连续数据可以帮助你确定干预工作是否处于“正轨”。如果在整个班级或学校实施社会与情绪学习项目，考虑到它可能需要大量时间和精力，收集连续数据的可行性很低。在这种情况下，你选择的评估工具的一个简单的前测和后测可能足以帮助你确定项目是否成功。如果一些班级接受社会与情绪学习干预而其他班级不接受，那么你甚至可以考虑尝试通过一个准实验设计进行评估，仅在后测（干预完成后）收集所有学生的数据，然后确定接受社会与情绪学习干预的学生的评估分数是否和没有接受干预的同龄人的分数有显著差异。

作为解决问题和回答问题的一个过程，四阶段问题解决过程模型代表了一种实用的、常识性的评估方法。我们鼓励你从广义的角度来看待社会与情绪学习能力评估，理解评估是达到潜在目的的一种手段，而不是对你作为教师或临床医生的日常实践没有任何直接影响的一种“测试”。

三级预防模型筛选和评估

第一章介绍了三级预防模型的优点，它在教育和心理健康领域越来越为人所接受。三级预防模型可以称作“三角形支持模型”，有时也称作“公共健康方法”，这种支持模型对于我们筛选和评估同社会与情绪学习整体相关联的技能和能力有特别的影响。本节以某种与三级预防模型一致的方式，为筛选和评估数据并作出决策提供了一些实际的指导。首先，让我们澄清一些术语。有时，“筛选”和“评估”可以互换。虽然筛选和评估的实际机制看起来非常相似（例如，对你的学生使用自我报告工具），但人们在使用筛选和评估的目的或目标上有一些重要的差异（Merrell，2008a，2008b）。

筛选涉及根据一些标准（心理健康问题、社会和情绪技能缺陷、破坏性行为），把一个较大的学生群体缩小到包含少数特定学生的群体的过程。由于筛选是在较大的学生群体中完成的，不需要很强的精确性，因此使用简洁的、易于管理的且直接与感兴趣的结构相关联的筛选工具和技术很重要。已有筛选程序成功地将一个普通的学生群体缩小到一个较小的群体，因为他们的社会和情绪问题或缺陷可能需要额外的测量程序，包括自我报告工具、教师评定量表和教师提名。同样，我们强调筛选工具的简洁性很重要：要求教师用包含140个项目的行为评定量表来评估教室里的每个学生，以确定哪个学生需要更多关注或者额外的社会和情绪支持，这作为缩小范围的方式并不经济、有效，甚至是不可行的。让教师根据一些标准规范地对班级学生施测一个简短的评定量表（包含10～15个项目）以进行等级排序或优先排序，或使用针对社会和情绪技能的一个非常简洁的学生自我报告量表（包含10～15个项目）可能更容易达到目的。通过筛选，我们可以识别出一些没有问题的学生（我们称之为“假阳性”错误），因为这些学生可以非常容易地被识别出来稍后从筛选组中移出。更重要的是，保证筛选程序不会漏掉真正符合标准的学生（我们称之为“假阴性”错误）。

从某一方面来说，评估与筛选很像，但评估往往涉及更多项目、更多工具、更多数据和更复杂的决策过程。筛选涉及一个广泛的过程，将一个大的学生群体缩小到一个感兴趣的小群体，评估则更侧重于个人或小团体。例如，从有28名学生的班级中筛选出4名学生，看他们是否有明显的社会和情绪技能缺陷，除了筛选之外，还可能会实施一些额外的评估程序，以帮助人们确定筛选出的学生是否真的符合特定标准。另一个例子涉及对已经表现出社会和情绪技能缺陷的个别学生的转介。有时，这种转介有助于为学生制定一个合适的（和专门的）干预计划，或者帮助他们获得所需的个人服务。

与图 1-2 相比，图 7-1 有一个细微的变化，它有额外的材料来帮助阐明三级预防模型如何指导筛选和评估。记住，三级代表三个层次的需要。第一层次代表为所有学生提供帮助。更具体地说，它通常代表学校 80% 的学生，他们没有表现出与心理健康或社会和情绪技能缺陷有关的任何明显的问题。因此，有关学生社会和情绪技能潜在缺陷的筛选工作最初会涉及班级或小组中的所有学生，但筛选工作可以快速排除大约 80% 的学生。在我们假想的有 28 名学生的班级中，我们会选出大约 6 名学生（大约占全班学生的 20%），他们的分数表明问题的最高水平或技能的最低水平，而且我们需要筛选剩下的 22 名学生（大约占全班学生的 80%）。

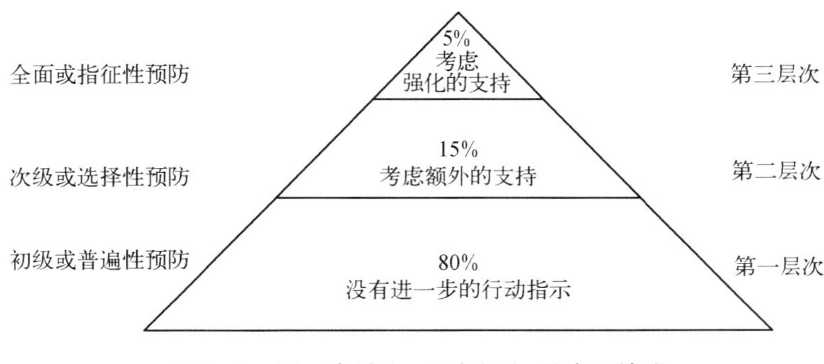

图 7-1　进一步讨论：为有行为、社会和情绪问题的学生提供支持的三级预防模型

第二层次代表了一个典型学校或班级中有一些问题的学生（大约占15%），我们应该考虑给他们提供额外的支持。假设在筛选时，28名学生中有6名学生存在行为问题，那么我们需要更仔细地将这6名学生分为第二层次和第三层次。使用相同的逻辑，28名学生中会有4名学生处于第二层次，他们表现出比处于第一层次的22名学生更高的问题水平。这些学生需要得到更细致的研究，因为他们潜在的风险可能更高。假设整个班级都将接受社会与情绪学习指导，这对处于第二层次的4名学生来说可能很有意义。也许，一些额外的练习或反馈机会，以及精心设计的让他们与功能水平较高的学生一起玩耍或活动的机会对于他们正在学习的技能很有用。在某些情况下，由学校辅导员或学校心理咨询教师提供一些额外的小组指导或技能培训，来教授学生社会与情绪学习能力也可能是有用的。

在我们假想的有28名学生的班级中，处于第三层次或有强烈需求的学生的人数占整个班级人数的5%，他们显示出大量严重问题行为或在社会和情绪技能上有很大缺陷。在这个例子中，符合标准的学生人数不超过2名。对一位非常了解班级学生的教师来说，知道哪名学生有强烈需求通常并不令人感到意外，教师可能在很早以前就发现了。但情况并不都是这样。教师或学校其他人员并不总能关注到有内化心理健康问题（抑郁、焦虑、社会退缩等）的学生。假设筛选程序或工具准确反映了关注的问题，那么一个标准化的筛选过程可以帮助教师或其他专业人员识别这些学生。

最终被鉴定为处于第三层次的学生一般需要某种类型的个性化干预服务，一个全面的、独立的评估（在大多数情况下由学校心理教师实施）可能对更好地理解处于第三层次的学生的需求有帮助。班级里的所有学生都会接受普遍性的社会与情绪学习指导，处于第二层次的学生可能需要额外的支持，处于第三层次的学生经常需要更大强度的支持。与我们强调的社会与情绪学习一致的更大强度的额外支持的例子包括，联结学校和社区的环绕式服务、个性化社会和情绪技能训练、个体或团体辅导，以及个性化教育计划。

综上所述，三级预防模型与筛选和评估有自然的关联。我们在本节提出的建议将帮助你理解如何筛选和评估信息，作出符合三级预防模型目标的决策，并根据所有学生的需求制定计划。

利用简短的评估数据监测个体学生的干预进展

本章提供了一个有关学生社会与情绪学习能力的评估框架。通过本章的讨论和例子，我们了解了儿童青少年社会与情绪学习能力的评估方法和推荐的评估工具。前面简要介绍了使用评估数据解决问题和作出决策的四阶段模型，以及在日益流行的三级预防模型的背景下如何使用筛选和评估数据的一些例子。在前面的部分，我们的重点是使用群体水平的数据，例如从整个班级或学校中筛选学生，以识别可能处于第二层次和第三层次的学生，并使用简单的前测和后测设计或治疗组和对照组设计，来考察社会与情绪学习干预是否对学生产生了影响。我们针对个别学生使用评估数据的讨论聚焦于，有强烈需求的学生（第三层次）如何从精心设计的个体评估中受益。在结束本章之前，我们还需要探讨如何使用简短和频繁的评估数据来监测个体学生的干预进展。

本书的重点主要是，将社会与情绪学习作为大量学生（团体、班级、学校和整个学校系统）的指导性干预，我们没有涉及如何规划、实施和评估个体学生的个性化社会与情绪学习干预。这个领域本身值得关注，尽管社会与情绪学习主要集中于班级和学校系统中的团体应用，我们认为有必要为处于第三层次的有强烈需求的学生设计个性化社会与情绪学习干预。然而，这并不是本书的重点，而且我们仅在本章的剩余部分介绍了使用个体学生的评估数据的有限内容。本章的讨论和例子非常简单、明了，对于渴望更深入了解个性化教育干预方法的读者（特别是使用单一案例设计的读者），我们推荐吉尔福德出版社"学校心理干预实务系列"中的一本——《评估教育干预：测量干预响应的单个案例设计》（*Evaluating Educational Interventions: Single-case Design for Measuring Response to Intervention*；Riley-Tilman & Burns，2009）。这本书是评估学生个体和团体教育干预影响的单个案例设计的工具使用的极好资源，不仅以一种非常实用的方式涵盖了所有单个案例设计的通用基础，而且将干预响应的概念嵌入其参数来实现评估目标。此外，本书还有一些很好的例子和工具，包括清晰的指令（和计算机屏幕截图），使用流行的 Excel 软件程序来创建和管理单个案例图表。我们非常推荐这本书！

我们重点通过课堂环境中简短和频繁的数据来评估个体学生的进步。我们认为，用在学业（阅读、写作和算术）领域已被证明有效的相同类型的方法来测量社会与情绪学习能力是可行的。根据霍斯普等人（Hosp, Hosp, & Howell, 2007）的观点，达到这一目的必须遵循以下准则：（1）持续监控和频繁测量；（2）关键特征的行为样本足够大；（3）对关键特征的抽样尽可能直接；（4）使用监控和测量数据以确保学生朝着正确的方向发展。遵循社会和情绪领域的这些准则所面临的挑战是，正如我们已经指出的，已有的测量倾向于关注问题而不是能力，它们往往倾向于不直接测量行为，而更可能去测量教师和学生对行为的感知。前一个挑战我们可以做些什么；后一个挑战是我们正在开展的工作，而且我们认为努力开发社会与情绪能力的真实的、动态的直接测量会成为未来研究的重点。

用在学业领域已被证明有效的相同类型的方法来测量社会与情绪学习能力是可行的。达到这一目的必须遵循以下准则：（1）持续监控和频繁测量；（2）关键特征的行为样本足够大；（3）对关键特征的抽样尽可能直接；（4）使用监控和测量数据以确保学生朝着正确的方向发展。

本章前面详述了社会与情绪学习能力的一些新的评估工具。大部分对社会与情绪学习能力的评估需要 10～15 分钟（或更多时间）完成，对于频繁和重复的测量，使用耗费这么多时间的工具不可行。使用简短的评估工具能够在学生社会与情绪学习能力的监测上取得进展，这就类似于简短的口头阅读流畅性调查或使用数学计算问题测量学业技能。为了解决这个特殊的问题，我们建议你考虑用从评估工具中选取（或修改）的项目作为小团体自我报告或教师评定量表的内容，以全面地初步筛选和评估你的学生。表7－1和表7－2中展示的任何一个评估工具都可以胜任这项工作，而且其中一些工具实际上包括非常简短的量表，它们不超过我们推荐的用于频繁和重复测量的上限（10～15个项目）。在现实中，社会与情绪学习能力有时非常个性化，监测目标学生对某个社会与情绪学习干预的反馈时，我们不能预先知道哪一个特别的项目将会成为他/她反应最敏感的项目。显然，在这个领域我们需要更多创新。

创新进度监控的一个有趣且实用的方法是，仔细记录自我报告和/或教师评定项目中展现出最低水平能力和最高水平问题的项目，确定这些特征中的哪些内容会成为团体或班级接受的社会与情绪学习干预最直接的目标，然后使用少量项目（10～15个），频繁（例如一周一次）监测你最关注的学生的进展。假设在班级的前测中，你使用了表7－1中的一个自我报告量表，它由50个或更多项目构成。针对关注的学生，你确定了12个项目，它们标记出技能的最低水平和缺陷的最大领域。在一个典型的评定量表中，选项及其对应的计分方法可能是“0＝从不”“1＝有时”“2＝经常”“3＝总是”。你从整个量表中选择12个你认为关键的项目，每个项目的最大值是3，于是你有了一个最大值为36的评定量表。假设在你的班级针对特定技能的社会与情绪学习干预可以通过这些项目反映出来，你现在有了一个简洁的自我报告量表，以供目标学生在社会与情绪学习进程中定期（例如一周一次）完成。你也有了一个12项目的教师评定量表，可以与学生自我报告量表同时使用，只要你对项目内容作出适当调整（例如，将学生自我报告量表中的“其他学生邀请我和他们一起玩”改成教师报告量表中的“是否被其他学生邀请一起玩”）。因此，你专门针对学生问题最严重的领域构建了一个实验性的、个性化的12项目的评定量表，你和学生可以每周完成一次测量。我们认为，完成这样一个测量一般不超过3分钟，由此得出的分数可以每周绘制图表。在这种情况下，你可以用自己创建的项目监控对一个有强烈需求的学生实施社会与情绪学习干预的有效性，而且现在你有了一个简洁的报告者（教师和学生）交叉评估工具来测量干预的影响。

图7-2提供了一个例子，使用一张非常简单的A-B单个案例干预图，假设这些数据是在一个为期12周的有效的社会与情绪学习干预项目中收集而来的，社会与情绪学习干预旨在提升学生的社会和情绪资源、能力以及心理弹性。当然，我们的例子展现了一个理想的积极结果（我们是乐观主义者，而且知道从教学角度来讲，从一个积极的例子开始非常重要！），虽然你不会总有这样的积极结果。但是，以前使用社会与情绪学习课程以及简单的测量和调查的经验使我们相信，如图7-2所示的结果是切实可行的。我

们同样认为，进度监控示例的交叉报告（学生报告和教师报告）是一个“亮点”，因为涉及工具误差和测量误差的相关问题（参见 Merrell，2008b），同时我们意识到高风险的学生并不总是自己技能的最准确的报告者（参见 Merrell，2008a）。

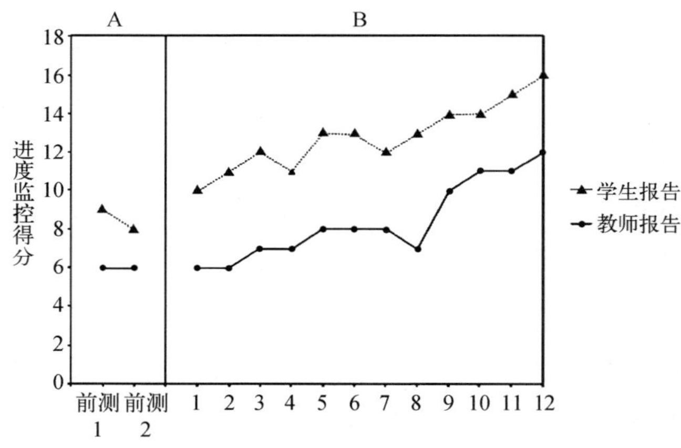

图 7－2　社会与情绪学习能力干预前和干预中学生与教师评定的进度监控得分

本节提倡的实验测量的类型绝对值得一试。也就是说，我们意识到这样的程序离完善的或目前最好的做法还很远。我们提供这个程序作为一个出发点，以推动将频繁和重复测量的理念应用于社会与情绪学习能力的进度监控和干预响应这一领域向前发展。在相关文章（Levitt & Merrell，2009）中，我们已经深入讨论了在这些实验方法中应该考虑的可能的技术和测量问题，并建议实验者和研究者在其测量的问题和概念（例如，社会与情绪学习能力）上都要有根据。我们鼓励想在这一领域学到更多东西的读者查阅莱维特和梅里尔的文章（Levitt & Merrell，2009）。

本章小结

到目前为止，我们希望你已经意识到，评估可以而且应该在你的学校或机构推广社会与情绪学习时发挥重要作用。尽管这一评估领域没有得到行为、社会和情绪评估的其他方面的关注和资源（当然，也没有得到传统学业技能评估的关注），但我们有理由对此持乐观态度。一些有前景的基于优势的社会和情绪评估工具可供你使用，这些评估工具似乎和社会与情绪学习有一种直接的联系，也有一些很好的新兴应用，如进度监控和干预响应，在社会与情绪学习领域展现出广阔的前景。工作表 7－1“社会和情绪评估工作表”是一个实用工具，你可能希望在计划和总结学生的评估数据时使用。工作表 7－1 围绕本章的关键前提而建构，即有效的评估应该与干预联系起来，它实际上是一个问题解决过程。本章的要点包括：

- 尽管学校越来越重视评估，但大部分精力都集中在传统的学业领域，较少关注对社会与情绪学习能力的评估（甚至在大多数情况下几乎不存在）。
- 评估传统学业能力的基本理念同样适用于评估社会与情绪学习能力，评估是发现问题和解决问题的基础，在确定我们使用的程序的有效性和可靠性方面必不可少。

- 在行为、社会和情绪评估领域，当我们把注意力集中在社会与情绪学习领域时，一些使用最广泛的方法根本不现实、不适当或不可行。
- 我们的建议是，在现有的评估工具中，最好使用学生自我报告量表、教师报告量表和家长报告量表评估学生的社会与情绪学习能力。
- 近年来，基于优势的社会和情绪评估方法在社会与情绪学习项目中应用前景广阔。我们在许多方面概述了我们认为的最好的几种方法。
- 在许多方面，当被认为是问题解决和决策过程的一部分时，评估是最好用的。我们为你提供了一个简单的四阶段模型，以使用评估来指导问题解决和决策过程。
- 在教育领域日益流行的三角形支持模型源于早期的公共卫生模式，它对学校社会与情绪学习课程的实施具有重要和有益的影响，包括使用筛查和评估数据制定课程决策。
- 尽管本书主要关注在学校、班级和其他机构中使用社会与情绪学习，以及针对儿童青少年群体使用社会与情绪学习，但有必要了解如何针对有强烈需求的学生个体使用社会与情绪学习。简短且频繁的社会与情绪学习评估实验模型为你提供了一种创新的方法，以确定社会与情绪学习干预措施是否对你关注的学生个体产生了预期的效果。

应用场景：行动中的社会与情绪学习评估

杰米是一所拥有200名学生的小型、另类高中的副校长和教师，他不需要说服人们相信社会与情绪学习对他的学校的潜在好处。事实上，他是社会与情绪学习的热心倡导者，社会与情绪学习不仅是核心课程的一部分，而且是30天试验期的核心课程的重点，每个潜在的新学生都要经历这一试验期，看看他们是否满足继续参加完整的替代学校项目所需的条件（出勤率、态度、进展）。杰米知道，他们使用的社会与情绪学习项目十分有效，为学生和教职工带来明显的益处。毫无疑问，这所学校的学生需要社会与情绪学习，因为许多学生"处于危险中"。这些学生不仅有潜在的负面结果，而且他们中的大多数已经跌入谷底。对这所学校的学生来说，从物质滥用康复中心、青少年拘留中心出来或被普通高中开除后，来参加30天的试验期或入学期并不罕见。学校里有几个学生无家可归，很多人有严重的家庭问题。简而言之，他们需要支持，这是包括杰米在内的所有学校员工的看法，学生每天早晨接受一小时的核心社会与情绪学习指导，这为他们的学业成功和生活的其他方面提供了一个坚实的基础。

杰米面临学校董事会和政府的怀疑。他们要求有客观的结果和数据证明，对这些学生的高教育成本投入是合理的（学校特意降低学生与教师的比例)。除了分数、毕业率或有关项目完成者的逸事评论,没有数据可以证明这一点。学校董事会和政府施加的压力越来越大,使得项目实施者要么拿出足够的数据,以证明花在社会与情绪学习上的大量时间带来了重大收益,要么减少社会与情绪学习教学,为更多强制要求的课程腾出时间。因此,杰米选择了一个技术特性良好的工具来评估社会与情绪学习能力,这个工具在社会与情绪学习试验期测量他们关注的结构。杰米想出一个计划来评估学生经历的30天试验期,以及在学校进一步实施的项目。杰米的计划是一个现实且直接的评估计划,而不是在研究期刊上发表的象牙塔式的评估计划,这个计划正是学校所需要的,因为它只花费很少的时间和资源。在试验期评估的第一天,每个学生都要完成一份自我报告。在试验期结束时,每个学生以后测的方式再次完成一份自我报告。在以后的项目中,也可以通过自我报告和教师评定的方式评估学生。在这一学年里,有6个招生组,每组大约有25名学生。在一位对社会与情绪学习感兴趣的研究生的帮助下,杰米制定了一个时间表用于计分、分析数据,进行基本的统计测试,然后绘制图表。

在前两组学生之后,学生和教师认为,以社会与情绪学习为中心的试验过程正在产生一种有意义的差异,这种观点得到支持。实际上,结果甚至超出了最初的预期。学年结束时,很明显学生不仅在社会与情绪学习能力方面(心理弹性、应对技能、问题解决技能、情绪知识、同伴关系)从前测到后测有显著的进步,而且进步很大,甚至在某些方面是惊人的。项目后期对学生的评估也发现了同样的结果。他们不仅保持了在试验期假定的社会与情绪学习能力的提升,而且在整个项目中显示出持续的进步,尽管偶尔遇到挫折。分析了第一年的数据后,杰米把数据交给主管团队。这些管理者精通数据,他们对数据留下了深刻的印象。事实上,他们对数据进行了一段时间的审查后,几乎没有发现任何错误,他们不仅允许学校继续对学生实施日常社会与情绪学习项目,而且将评估结果列为优先事项,甚至在学校董事会上展示。数据的传播产生了更积极的结果:学校董事会成员的好评、继续支持一些以前被认为有问题的项目的普遍意愿,以及良好的公共关系。杰米对他在评估中的投资回报非常满意,并认为这是他在学校里作出的最棒的举动之一。

这一切听起来是不是好得让人难以置信?再想想。虽然我们更改了副校长/教师的名字和其他一些细节,但这是一个真实的故事,而且我们是其中的一部分。这是我们见过最清楚的演示之一,它证明即使使用基本的程序来评估社会与情绪学习项目的结果也能带来好处。如果你做对了,使用评估来指导和测量社会与情绪学习项目也会对你有很大帮助。

工作表 7－1　社会和情绪评估工作表

1. 学生信息

姓名：　　　　　　　　　　学校：

年级：　　　　　　　　　　年龄：

学生的主要问题；评估原因：

2. 评估信息摘要

最重要的测验分数、观察结果以及来自访谈或其他评估来源的信息：

3. 问题分析

A. 评估信息指出并支持的主要问题、关注点、诊断指标等。

B. 关于问题的可能原因和功能的假设。如何检验这些假设？

4. 问题解决和评估

潜在的干预措施似乎适用于已识别的问题。工具或方法的使用将有助于监测干预进展和评估干预结果。

第八章

在学校系统中使用社会与情绪学习：组织动态和战略规划

本章引言和概述

我们预计，许多读者读到本书最后一章时会看一眼章名，然后想："为什么要为组织动态和战略规划而烦恼？我就不能把这些东西留给别人吗？""我真正感兴趣的是其他章的干预技术和评估工具。如果我需要，这些系统和规划的内容就在这里，我认为此刻不用去理会。"我们说的对吗？事实上，我们希望自己对许多读者最初如何看待这一章的预期是错误的，并且希望读者有强烈意愿深入了解这些重要的（不，是必不可少的）内容。根据我们在众多教育工作者和学校心理健康从业者中推行计划和系统变革策略的经验，我们可能需要说服读者坚持下去，并尝试阅读这一章。就其价值而言，这些内容很重要！了解组织动态和战略规划，将有助于你在学校课堂中最大限度地提高社会与情绪学习的有效性。还是不相信？如果你掌握并利用本章提供的信息和策略，你将能够：

- 从长远来看，和你的学生一起获得更好的社会与情绪学习以及学业成绩。
- 使你从社会与情绪学习中获得的收益最大化。
- 让管理者相信投资社会与情绪学习是值得的。
- 鼓励同事和你一起在学生中推广社会与情绪学习。
- 建立一个支持体系，帮助你和同事更好地促进学生的心理健康和学业成绩。
- 为促进社会与情绪学习的发展分配更多资源。

你现在相信了吗？我们希望如此。继续阅读，我们保证你会在本章找到可以帮助自己的方法。

了解组织动态和战略规划过程不仅适用于管理者，它将帮助你最大限度地发挥社会与情绪学习在课堂和学校的有效性。

和其他章节一样，本章不涉及社会与情绪学习干预或评估操作的细节，但涵盖了在学校系统中成功实施和持续改进社会与情绪学习所需要的关键信息。首先，我们将学校或其他机构概述为动态和复杂的系统，借用组织发展文献中的关键概念，并考虑实施任何组织变革（包括社会与情绪学习）的关键阶段或步骤。其次，准备在系统中实施或扩展社会与情绪学习时，我们非常关注一些需要考虑的重要问题。这些重要的战略问题不一定同社会与情绪学习直接相关，但会影响社会与情绪学习在学校或机构中被接受和维持的程度。我们具体阐述了战略规划的五个不同方面，它们对社会与情绪学习特别重要，并就如何在每个领域进行规划提出了切实可行的建议。最后，我们提供了一个案例研究，描述了两所看起来相似的中学的差异，这两所中学试图作出系统性的努力，将社会与情绪学习纳入其课程，由于采取不同的方法，因此取得截然不同的结果。

变革中的学校：理解动态系统

在一项相关工作中，我们(Merrell, Ervin, & Gimpel, 2006)囊括了促进学校系统和组织变革的一章，并指出21世纪的美国学校面临的挑战，这些挑战要么是未知的，要么在以前不那么严峻。目前，我们发现的挑战主要包括以下四个方面：

- 技术进步，包括需要将这些进步融入学校，并教会学生有效利用，同时努力克服新技术的一些负面影响，例如随着学生接触媒体信息的渠道增加，可能会产生更多消极和不健康的行为。
- 美国劳动力的动态变化，包括家庭面临越来越大的经济和社会压力，经济全球化带来的竞争加剧、移民模式，以及构成劳动力的个人文化和语言多样性的增强。
- 学生群体的异质性增强，不仅包括学生在文化和语言上的多样性，而且家庭组合、社会经济分层、社区组成和背景经历方面的异质性也在增强。学生的需求扩大，这反映了越来越多的学生在某种程度上处于“危险”之中。

- 通常在外部支持和资源减少的情况下，对有实证基础的实践和学校问责制的需求将会增加(通常来自立法授权)。

> “持久变化”这个词可能是一个矛盾的说法：学校是动态系统，变化是我们学校面临的挑战的共同特征。

这些确实是严肃而复杂的问题。看到这些充满挑战且令人生畏的现实，我们很容易感到不知所措，或者认为：“这太难了，想这些有什么用?”然而，回到第一章开头的例子，希望一直存在，当学生在每年开学第一天来到学校时，总会有新的希望。社会与情绪学习可以帮助学校和学生更好地应对这些挑战。

强调这些新的挑战的主要原因之一是为了说明学校是运动中的系统。借用物理学领域的一些语言和概念，学校可以被视为动态系统，这意味着它们处于不断适应内部和外部力量、能量和运动的状态。当我们谈到学校时，“持久变化”这个词就像一个明显的矛盾体。就我们的学校系统而言，变化和适应一直存在，无论我们做什么或不做什么，它都会发生。

因此，通过社会与情绪学习或其他创新实践来改变系统并不是我们应该考虑的首要目标。更确切地说，我们应该思考能做些什么，以促进积极的变化和学校系统的健康发展(详细讨论可参见 Grimes & Tilly, 1996)。变化是我们学校面临的诸多挑战的共同特征。

当社会与情绪学习项目被引入以前没有把它作为系统主要部分的学校时，有可能产生积极的变化，同时我们要以更有效的方式实施该项目，考虑一些不可避免的系统障碍和问题。我们不仅需要了解系统，而且需要最大限度地挖掘社会与情绪学习的潜力，以产生我们期望的变化。

一些组织发展专家的著作（Rummler & Brache，1995）就如何看待学校的组织结构变革提供了一个有趣的视角。传统的组织结构概念倾向于表达一种垂直的观点，这意味着组织是层次化的：自上而下、整齐划一。也就是，督学和学校董事会管理学校系统，校长管理学校，每个班级的教师都被整齐地划分为一条权力线，直接指向校长，有时指向系主任。实际上，这种将学校视为系统的观点过于简单和过时。当我们试图实施社会与情绪学习或相关的教育创新时，这种观点并不能帮助我们理解学校环境的复杂性和丰富性。因此，组织的横向视角是一个有趣的选择。尽管校长是一所学校的主要管理者和领导者，但横向观点认为信息、影响和想法是横向运行的，这意味着个别教师可以影响其他教师，学校辅导员、心理学家和社会工作者同样可以影响教师并受其影响。

当我们考虑如何在学校引入社会与情绪学习，或在已经引入社会与情绪学习的情况下如何扩大其影响时，横向观点尤其有价值。尽管校长对这些努力至关重要，但他/她的影响力不足以应对项目实施过程中面临的挑战。因此，必须考虑教师和专家之间的关系与沟通并将其视为横向关系。事实上，有些人不处于学校环境，但他们是系统中重要的利益相关者，如果我们想真正产生最佳影响，则必须考虑他们。本章后面将详细讨论如何谨慎地开展这一过程。

关于学校作为动态系统的最后一点评论是，当一个组织经历一次有计划的、旨在带来益处的变革（如采用或扩展社会与情绪学习）时，往往会出现一些明显的发展阶段。我们需要意识到这些阶段，并在学校推广社会与情绪学习和其他积极实践的过程中专门规划这些阶段。根据学校心理健康运动的专家、领导者阿德尔曼和泰勒（Adelman & Taylor，1997）的说法，有效系统变革的四个关键阶段如下（见图 8－1）：

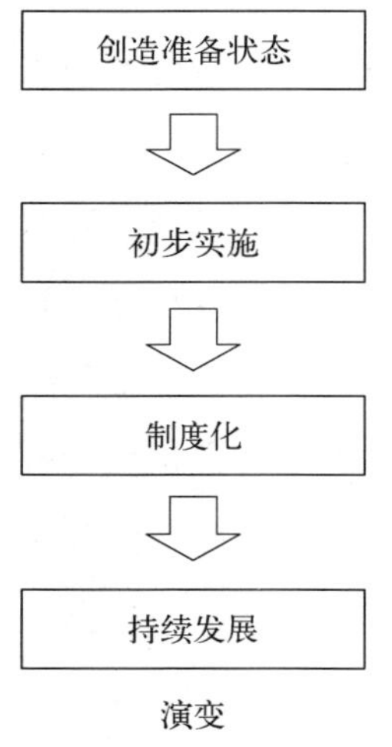

图 8－1　系统和组织变革的四个阶段

1. 创造准备状态。第一阶段涉及创造一种接受或准备好变革的文化或环境。在这一过程中，愿景的发展至关重要，有效的领导（包括正式和非正式）也是如此。需要留出足够的时间来为变革作准备，这样系统内的个人（教师、专家、管理人员等）就会对变革有所投入和准备，而不会认为这种变革是“强加”给他们的。在这个过程中，建立一个正式或非正式的领导团队或规划小组来帮助促进认同和作好文化上的准备，可能是一个有用的方法。

2. 初步实施。当一所学校实施社会与情绪学习或任何其他新的教育努力时，预计一开始会遇到一些困难。在最初的实施过程中，有经验的人被指定为教练或导师，为可能需要额外支持的人提供帮助。在这一阶段，开展持续的或形成性的评估通常有帮助，可以收集数据来确定最初操作的有效性，并指导此时可能需要作出哪些调整。

3. 制度化。如果将新的社会与情绪学习项目纳入学校将产生持久影响，那么学校系统必须拥有项目的所有权。如果外部机构（如大学或心理健康中心）的员工进入一所学校，在学校没有购买社会与情绪学习项目并将其制度化的情况下教授社会与情绪学习，你可以放心，在人事变动或补助金用完后，新项目将会逐渐消失。为了使社会与情绪学习成为学校系统的一部分，而不是一个短期试验，我们必须在系统内促进广泛的支持和投资。

4. 持续发展。在一项创新或变革成为系统的一部分之后——假设已仔细考虑和实施前三个阶段——通常会出现持续的演变。我们的经验是，一些最初热衷于在学校实施社会与情绪学习的教师和管理者，可能会对持续的需求感到厌倦，或者干脆没有了动力。此外，随着时间的推移，即使是依然对社会与情绪学习充满热情的人，也可能开始偏离社会与情绪学习的适当程序，在实施过程中变得马马虎虎。因此，热情可能会减弱，社会与情绪学习项目实施的忠诚度可能会下降。在社会与情绪学习经历计划、实施和制度化之后，避免这些负面结果的一个方法是开展持续的评估。正如第七章详细介绍的，评估数据不仅可以在事情偏离正轨时引导你朝着正确的方向前进，而且可以在它们显示出积极结果时成为一个强大的激励因素。此外，需要考虑持续的专业发展和培训的必要性，以及持续改进社会与情绪学习实施过程的可能性，以保持社会与情绪学习的新鲜感、趣味性，并为负责制定社会与情绪学习的人带来回报。

战略规划问题

> 当教学是偶然的而不是精心设计的，则很难确定其对学生的影响。（Brandt，1999）

第二章讨论了选择社会与情绪学习项目的过程。在此过程中，我们试图证明采用社会与情绪学习材料，并以一种深思熟虑的方式和学生一起使用它们是正确的。本节将在战略规划和准备使用社会与情绪学习的大方向上更进一步，以系统和组织变革理论为基础，指出我们认为在战略规划中需要考虑的一些重要问题，并建议你如何思考这些问题，怎样以一种有助于成功的方式预先作好准备。当然，在教室或诊所里直接使用社会与情绪学习是完全可能的，不需要太多的预先思考。如果你选择好的材料，并按规定使用它们，加上你最好的教学和临床技能，即使没有作好本书提倡的预先计划和准备，你也有可能在学生身上取得一些积极的成果。但如果作了准备和规划，你可能获得更大且相对持久的收益。也就是说，我们认为把时间和精力投入战略规划和准备工作会真正有所回报，并且会帮助你和学生取得更大、更持久的收获。提前处理这些类型的问题就像以一个可观的、有保证的利率把钱存入银行：长期来看，随着利息累积，你会获得最大收益。

勃兰特（Brandt，1999）在关于成功实施社会与情绪学习的文章中指出，“当教学是偶然的而不是精心设计的，则很难确定其对学生的影响”（p.178）。换句话说，当我们参与一个有计划的儿童青少年教学过程时，我们能够更好地确定教学工作的影响。此外，在讨论如何使社会与情绪学习教学更有针对性时，勃兰特指出几个问题领域，当社会与情绪学习教学没有经过仔细规划时，这些问题领域往往会降低有效性和整体性，并提出当行政支持、时间分配、专业发展、教师和家长的认可等问题得到良好解决时，成功实施的可能性更大。我们同意勃兰特的主张。根据我们的经验，如果在规划过程中没有考虑到这四个方面，那么社会与情绪学习策略和项目的良好意图可能会受到影响。本着这种精神，我们在这四个方面提供了一些建议（增加了相关的第五个方面，我们认为这是一个重要的修改），可以帮助你避免在社会与情绪学习实施之前，因没有考虑这些规划问题而犯错误。图 8－2 直观地提醒我们，在实施任何规模的社会与情绪学习之前都要考虑的关键战略规划领域，这些领域甚至对个别课堂也有价值。

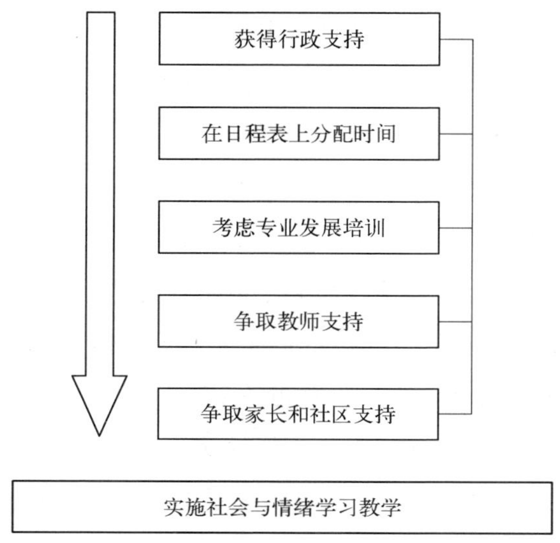

图 8－2　建议在学校实施社会与情绪学习的战略规划步骤

获得行政支持

尽管教师在计划和实施教学方面通常有很大的回旋余地，但我们建议，开展社会与情绪学习工作时，获得管理者或主管的“官方”支持至关重要。从学校层面上讲，在这方面需要得到校长这一关键人物的支持。俗话说：“校长是你的朋友。”至少在开展社会与情绪学习工作时，校长应该是你的理想伙伴。校长通常是为学校定基调的最重要的人物。如果你想获得并保持成功，他/她对你努力的支持必不可少。校长不仅能够批准为你的努力工作提供后勤和资源支持，而且他们可能是在整个学校，而不只是在单独的课堂上传达社会与情绪学习的重要性的关键人物。在学校致力于社会与情绪学习的校长具有很大的影响力，他们不仅可以在跟学校教职工和学生的日常交流中宣传社会与情绪学习的目标，而且可以安排专业发展培训，影响学校的领导团队或学生支持小组，使社会与情绪学习成为一个高度优先事项。你可以尝试用一些方法来让校长积极地参与社会与情绪学习，包括：

- 告诉校长你为什么对社会与情绪学习感兴趣。
- 强调学生在学校可以从社会与情绪学习中获得的好处。
- 特别要强调社会与情绪学习和学业成就之间的联系［有关这方面的更多细节，请参阅第四章以及津斯等人 2004 年出版的优秀书籍（Zins，Weissberg，Wang，& Wahlberg，2004）］。
- 给校长看一些社会与情绪学习的素材。
- 当你计划将社会与情绪学习融入教学课程时，或者打算教授一个特定的社会与情绪学习项目时，邀请校长来观摩你的课堂。
- 提议在教师会议上讨论社会与情绪学习。
- 建议你邀请一位当地或社区的社会与情绪学习专家来参加教职工会议，这位专家在教授社会与情绪学习方面很有经验，能够就收益和实际困难发表权威意见。

俗话说："校长是你的朋友。"如果你想做得更好，至少在理想情况下校长应该是你在学校推广社会与情绪学习的伙伴。如果你想获得并保持成功，校长对你努力的支持必不可少。

总之，我们认为校长可以成为你在社会与情绪学习方面取得成功的关键。我们鼓励你尽最大努力在工作中获得校长的支持。

如果你已经在学校里担任领导职务，我们建议你考虑争取学区管理人员的支持，如督学、助理督学和课程协调员。帕西（Pasi，2001）在评论获得学区管理人员对社会与情绪学习的支持的重要性时指出，"一个全校性的社会与情绪学习项目将需要学区资源，正如它需要学校内部行政人员的积极支持和参与"（p.37）。与早期教育相比，这一观点在今天尤其正确，因为如今学区管理人员对学生成绩负责的压力越来越大。我们正处在一个全国范围内学区管理人员（尤其是督学）频繁更换的时代，向他们咨询社会与情绪学习工作尤为重要，因为新管理团队可能与旧管理团队有不同的优先事项。学区管理人员不仅能够在更大范围内促进一所学校成功开展社会与情绪学习工作，而且经常处于作出资源分配决定的关键位置。我们的经验是，越来越多的学区管理人员，如督学和助理督学，已经适应数据。因此，当你跟他们讨论你的社会与情绪学习兴趣和努力时，向他们提供社会与情绪学习有效性的证据特别重要。第七章提供了一个模板，用于评估社会与情绪学习结果，以改进你的工作，我们希望你认真考虑这些建议。另外，向学区管理人员展示，开展社会与情绪学习工作有助于学区教学目标的达成。这一点很重要，因为学区管理人员需要在许多竞争活动和有限资源的大背景下，考虑社会与情绪学习以及其他重点领域。

辅导员、心理学家、社会工作者和其他以学校为基础的从业者通常有学区或地区层面负责的领导，如学生支持服务主任、特殊教育协调员和学生人事服务主任。这些行政领导通常支持学校的社会与情绪学习服务和活动。在获得行政支持的过程中，他们可能是重要的盟友。然而，在获得他们的支持的同时，很少有人能够理解，为了给新的社会与情绪学习职责腾出空间，从业者的其他职责会随之相应地减少，尤其是在一个项目的开始阶段。向领导展示社会与情绪学习，可以支持现有的工作并有助于提高学生的成绩，这一点非常重要。同样，考虑到数据的重要性，你要向领导说明你的数据情况。幸运的是，正如我们在前面的章节中所看到的，有大量证据可以支持社会与情绪学习。利用本章的信息制定一个计划，以收集社会与情绪学习工作的项目评估资料或学生结果数据，这可能是获得领导和其他专家支持的一个非常重要的方面。

最后，考虑一些其他的领导者，他们对你采用和实施社会与情绪学习的努力也至关重要，他们不是传统垂直组织系统中的管理者或正式领导者，而是教师或专家。他们本身的影响力和同事对他们的尊重，让他们成为学校或系统中的“意见领袖”。通常很容易弄清楚这些人是谁。谁的观点似乎对教师或校长特别有影响？当需要关注特别的挑战或付出特别的努力时，谁是首选？当遇到困难时，校长似乎愿意听谁的？这些问题的答案通常会让你找到“意见领袖”，在你努力采用和实施社会与情绪学习的过程中，你可能希望非正式地咨询他们。争取他们的兴趣和支持可能会产生令人惊讶的积极结果，尤其是他们亲自参与，并在自己的学生中应用社会与情绪学习。

在日程表上分配时间

社会与情绪学习获得行政支持的最重要的好处是，可以帮助你成功地解决一个根本性问题：在日程表上为社会与情绪学习教学分配时间。尽管教师在处理他们的教学任务方面有一定的自主权，但在确定整体课程和决定如何分配时间给不同课程时，没什么发言权。

上述决策往往是“自上而下”的，由学校管理人员、学校董事会和联邦教育政策决定。在强健儿童项目的实际开展过程中，这种情况已经被证实很多次了。在学校里找到热衷于开展社会与情绪学习的教师和从业者并不困难，但是只有兴趣还远远不够。事实证明，一个更大的障碍是确定何时实施项目，在许多情况下，我们不得不在研究设计和总体规划中作出让步（缩短课程长度、合并课程、跳过几周等），以便更好地与教师合作。教师因州和联邦对学校的问责制，而面临在指定时间内完成大量必修课程的巨大压力。虽然我们强调开展社会与情绪学习的好处（以及强调结果和数据），但确实需要考虑成本，因为很难找到空间和时间来使用社会与情绪学习。

举个例子，我们之前开展了一项针对高中生的强健儿童现场试验。我们最初认为（现在仍然认为），在九年级健康课堂开展相关课程是一个非常理想的选择，甚至可以说近乎完美，可以通过强健儿童的强健青少年版本来促进社会与情绪学习。社会与情绪学习教学将覆盖所有学生(在大多数州，这些课程是所有高中新生的必修课)，在相对年轻的仍然具有一定可塑性的14～15岁的学生群体中开展，这一事实足够引人注目。除了这个理由之外，大多数州都要求在高中健康课程中加入某种类型的心理健康课，这表明社会与情绪学习课程是一个完美的选择。然而，在现实中实施社会与情绪学习课程面临巨大的挑战。我们与健康教育部门负责人和助理校长开了多次会议，他们对社会与情绪学习和我们准备在九年级开展社会与情绪学习的想法充满热情。在表明有多喜欢我们的项目和想要与我们合作的想法后，他们倾向于让我们知道他们州和地区规定的课程目标的参数。当完成强制性的计划和特定的内容(从性教育到物质滥用，再到营养咨询和肥胖预防)时，往往很难再有计划、有结构地开展社会与情绪学习。

因此，在日程表上为社会与情绪学习腾出时间往往不仅仅是教师的偏好和计划问题。关键要有行政人员的积极参与和支持，以寻找将社会与情绪学习纳入课程的方法，这确实是一个重要的考虑因素，你不应该忽视。虽然社会与情绪学习教学可能最终成为强制性的教育课程的一部分(例如伊利诺伊州)，但这种情况并不常见。将社会与情绪学习和学校行政人员的积极参与结合起来，比单一的方法更有可能实现社会与情绪学习的可持续实施。

考虑如何在日程表上为社会与情绪学习教学分配时间的另一种方式是，将社会与情绪学习教学同其他强制性的主题相结合，这些主题和社会与情绪学习相辅相成。在小学阶段，我们经常看到教师成功地将社会与情绪学习教学同识字教学联系起来，特别是使用社会与情绪学习材料向学生介绍新的词汇，并通过精心设计的活动为阅读和写作提供机会。在中学阶段，我们发现语言艺术和社会研究综合课程通常是包含社会与情绪学习教学的绝佳课程，而且正确的社会与情绪学习课程材料可以强化这些课程的目标。此外，不要忘记第四章提到的如何将社会与情绪学习教学融入整个课程以促进学业成就的例子。即使是科学和数学教学，也可以以潜在有效的方式同社会与情绪学习活动相结合（例如，Elias，2004；McCombs，2004）。然而，在将社会与情绪学习融入课程时（将选择的社会与情绪学习活动和课程目标同其他学科整合，而不是采用既定的正式课程），需要非常谨慎和有条理，以避免最终忽视和放弃社会与情绪学习。正如勃兰特（Brandt，1999）所指出的："如果要将社会与情绪学习教学和其他课程整合，我们应该采取何种措施来确保它真正地得到实施，而不会被竞争性需求挤压出局？"（p.179）

考虑专业发展培训

获得支持并分配时间来实施社会与情绪学习教学是关键的步骤，但并不一定能确保成功。即使解决了这些重要问题，如果没有预先考虑其他战略规划问题，例如为教师、行政人员和学校心理健康从业者提供专业发展培训，社会与情绪学习项目仍有可能偏离正确的轨道。虽然大多数教师合同和学校时间表规定，每年至少有几小时或几天专门用于工作人员专业发展培训，但很难衡量这项工作的影响或执行的一致性。人们似乎普遍认为，教师往往很少接受正式的在职培训，掌握新材料或教学技能的负担一般直接落在个别教师身上。考虑到社会与情绪学习工作是否成功，和教师或从业者在课堂上实施社会与情绪学习课程的情况直接相关，因此在实施之前应仔细考虑专业发展培训，并将其纳入总体规划。如果社会与情绪学习课程的大部分内容都经过精心策划和组织，却没有达到预期的效果，这是对时间和资源的浪费，因为负责实施该课程的人员事先没有得到足够的培训或适当的、持续的专业发展支持。

社会与情绪学习课程包在培训和专业发展方面的要求和需求存在很大差异。强健儿童是一个例子，它是一种社会与情绪学习课程，在教师实施之前不需要太多正式的培训。我们有意以这种方式设计课程材料，因为我们担心教师和从业者可能无法获得所需的培训，而且我们认为，在实施社会与情绪学习的过程中，实现高水平的完整性或保真度相对简单。后续研究证实，即使只有简短的入门会议和事先阅读课程手册这样的专业培训，教师也能够达到高水平的保真度，并且该课程产生了非常明显的社会效度以及积极的学生认知和行为结果（有关强健儿童效果研究的评论，请参见 Merrell & Gueldner, in press; Merrell, Gueldner, & Tran, 2008; Merrell, Levitt, & Gueldner, 2010; Tran & Merrell, 2008）。

有一些社会与情绪学习课程包非常复杂且全面，教师在事先没有参加广泛的专业培训的情况下，无法有效且高依从性地使用它们。如第二步：暴力预防课程和促进多角度思维策略，它们具有足够的复杂性和长度，在教师或从业者实施之前，需要在学校或特殊培训机构，由合格或有资质的专家进行培训。如果要使用这些复杂的社会与情绪学习项目，那么战略规划过程中包含时间、材料和资金以提供适当的培训和支持就显得尤为重要。

简单明了、事先需要较少培训的社会与情绪学习课程，以及复杂全面、事先需要广泛培训的社会与情绪学习课程都有其适用的场合。不能说其中一种比另一种更好。需要考虑的关键问题是学生的需求、教育体系的要求和资源，以及哪种类型的社会与情绪学习教学最合适。无论哪种情况，事先和持续的专业发展培训都应该是战略规划的重要组成部分，而不是事后才去考虑的事情。

争取教师支持

我们曾指出，寻求“意见领袖”的支持很重要，这些“意见领袖”指的是教师或其他未担任正式行政领导职务的学校工作人员，在如何接受新举措方面，他们具有很大的影响力。显然，获得这些关键人物的意见和支持很重要。我们还希望补充一点，在战略规划过程中，不应该忽视普通教育人员——大多数教师和专业人员的力量。尽管教师在“自上而下”地授权课程编制方面可能没有什么发言权，但他们对这些举措的接受程度对我们工作的成功至关重要。一个典型的例子是《不让一个孩子掉队法案》的进展，这是联邦教育改革有史以来最成功的努力之一。该法案是总统乔治·W. 布什(George W. Bush)最初在立法方面取得的标志性胜利，在他第一届任期的初期，在两党支持下首次在国会通过。尽管该法案在制定过程中咨询了关键的教育领导人和机构，但几乎没有来自一线教师的任何意见。《不让一个孩子掉队法案》通过后，学校开始研究需要如何应对新的立法。很明显，现在许多教师花相当多的时间和精力为学生准备标准化的教育成就测验，这些测验将用作判断学校成功或失败的基准。虽然许多教师赞成加强评估和问责制的要求，但很快就有越来越多的教师反对，他们认为，对标准化评估和问责制的关注，妨碍了他们最好地为学生服务。基层的反对和抵制随之而来，使得一些州考虑完全退出《不让一个孩子掉队法案》。在随后对该法案的修订中，标准化评估的重点可能会被重新考虑，甚至可能被修订，这在很大程度上是因为来自基层教师的强烈批评逐渐浮出水面。

同样地，一个热心的教师、校长或管理者如果希望将社会与情绪学习计划纳入学校的通用课程，那么让教师参与计划和准备过程很明智。考虑并回应教师的关切和积极建议，以创建一个能够得到热情支持的社会与情绪学习计划是一项重要努力。我们建议，在单个学校层面，这种努力应包括与教师进行非正式的同事讨论、邀请教师观察社会与情绪学习计划的实施情况、提议共同在课堂上教授社会与情绪学习课程或活动、在教师办公室进行关于社会与情绪学习的非正式讨论，以及在教职工会议上进行关于社会与情绪学习的正式讨论。在系统层面，我们建议将有代表性的教师纳入委员会来规划社会与情绪学习项目。此外，还应咨询有代表性的个别教师，以考查特定计划实施的质量和可行性。教师参与应真诚而互惠，考虑教师对于改变做事方式的观点，并试图争取他们对社会与情绪学习的支持。

争取家长和社区支持

在战略规划方面，最后一个需要考虑的问题是，在将社会与情绪学习纳入课堂和学校时是否以及如何争取家长和社区成员的支持。这个问题很复杂，因为它在很大程度上依赖社区和家长群体的组成及其世界观。对一些教师、临床医生和学校来说，争取家长和社区的支持并不是一个关键问题，因为这一特定群体完全或大部分支持社会与情绪学习涉及的活动和目标。这实际上是我们跟学校人员合作，将社会与情绪学习评估和干预工作融入课堂或学校的经验。在这种情况下，可能没有必要花费时间和精力来正式争取家长和社区成员的支持。尽管如此，还是应该与家长和领导者沟通，了解在实施社会与情绪学习新举措时将会发生什么，特别是这些举措将如何惠及学生。我们发现，这种简单的家校交流往往会带来一种更感兴趣和更乐于接受的氛围，以便在家里练习和强化新学到的社会与情绪学习技能。可以接触对学校感到不确定或胆怯的家长，让他们积极参与进来。

在一些社区争取和获得家长支持对社会与情绪学习工作很重要，甚至是成功的关键。根据我们的经验，被描述为“传统主义者”

的家长和社区领导人，有时会对包括心理健康项目或其他超出基本的学业和公民培训范畴的教育项目持怀疑甚至敌对态度。他们可能认为这是不必要的花哨之举，会分散对更重要的事务的注意力，甚至认为这是一种颠覆性行为。虽然这种情况可能不是常态，但数量足够大，且态度坚决，绝对不能轻视。例如，梅里尔最近在为农村和保守社区的心理健康咨询师和儿童发展专家进行全天的学校社会与情绪学习培训时，遇到了这种抵制社会与情绪学习的世界观。尽管参加培训的人对在学校中使用社会与情绪学习的想法持非常积极的态度，并渴望尝试，但很明显他们对这些工作在某些社区中的接受程度存在担忧。在培训的讨论环节，有参与者提到他们在推广心理健康和初级预防活动时，遭到一些保守人士的强烈抵制，这些保守人士认为社会与情绪学习工作是世俗人道主义试图削弱宗教，并企图对孩子们的心灵和心理功能施加不当控制的尝试。在某些情况下，一些教堂的牧师积极教导信徒们抵制社会与情绪学习工作。在其他情况下，抵制并非来自宗教主义者，而是来自非常保守或自由主义的个人和世俗团体，他们认为推广基础教育之外的教育是没有意义的干预，最终会削弱孩子自力更生的能力。

因为社会与情绪学习在促进学生的学业和心理健康方面可以提供很多帮助，所以我们相信，简单地以一种建设性和积极的方式传播信息，将会大大缓解大多数人的担忧。

在家长或社区领导人有组织地抵制社会与情绪学习的情况下，我们能做些什么呢？虽然我们认为这样的例子在绝大多数学校都是相对罕见或不存在的，但我们确实有一些克服阻力和建立信任的建议。当你开始新的教育计划时，有必要考虑到让学生家长和其他支持者参与进来。谈到抵制，勃兰特(Brandt，1999)指出，“除非学校建立比过去更高水平的公众参与，否则公众的理解和支持将继续减弱”。克服最具挑战性的阻力的一些具体建议包括，召开家长会或其他公开会议解释社会与情绪学习的目标和策略，在某些情况下它看起来是合理的，可以考虑创建包括家长和关键社区成员在内的规划委员会或工作小组，特别是要考虑有影响力的“意见领袖”。在我们看来，频繁地、清晰地、积极地与学生家长沟通将成为防止错误信息和不信任，并提高社会与情绪学习接受度的有力手段。社会与情绪学习提供了很多东西，可以促进学生的学业成就和心理健康，我们相信，简单地以一种建设性和积极的方式传播信息，将会大大缓解大多数人的担忧。

本章小结

本章讨论了在学校中成功实施社会与情绪学习的一些“重要思想”：理解系统以及它们如何变化和发展，在特定系统中为社会与情绪学习的实施和扩展作战略规划时应该考虑哪些类型的问题。从业者通常不认为考虑这些问题是必要的，但它们的确很重要。多花些时间考虑如何在特定的课堂、学校或系统中为社会与情绪学习作计划和准备，这有可能使效率最大化。换句话说，为社会与情绪学习作战略规划，能够使你获得有价值的回报。在这方面需要考虑的一些关键问题包括：

- 21 世纪的美国学校正面临着前所未有的压力和要求，这使得社会与情绪学习比以往任何时候都更加重要，但实施起来也更具挑战性。
- 学校是一个动态的、不断发展的系统，有时很复杂。
- 与大多数组织一样，学校在实施创新时也会经历一些可预见的发展阶段。本章讨论的和社会与情绪学习相关的组织或系统变革的四个阶段包括创造准备状态、初步实施、制度化和持续发展。
- 虽然在学校成功实施社会与情绪学习而不过多考虑战略规划是可能的，但是如果关注一些关键的战略规划问题，你可能会得到更好的结果，包括获得行政支持、在日程表上为社会与情绪学习分配时间、考虑为参加社会与情绪学习的人员提供专业培训、争取教师对社会与情绪学习的支持、争取家长和社区对社会与情绪学习的支持等。

应用场景：两个学校的故事

两位校长在各自学校创建社会与情绪学习项目的经历说明，考虑战略规划和系统问题以增强社会与情绪学习的影响力确有好处。这个应用场景基于实际情况，但更改了相关人物的姓名，并添加了某些修饰。米尔山谷学区的助理教育主管和学生支持服务主任在州教育官员的支持下，同意在学区的八所中学加强初级预防和心理健康促进工作。这不是一种“自上而下”的方法，即在全区范围内使用特定的项目或计划。中学校长得到指示，与教职工一起制定一个对学校有意义的计划。他们有长达18个月的时间来制定和实施计划，并每年向助理教育主管汇报结果。州教育部门和当地基金会的一笔小额资助使得每个学校都有适度的预算来启动和初步实施这一计划，并且校长在如何使用这些资金方面有广泛的自主决定权。

其中，两位中学校长是亲密的同事，他们十年前曾在同一所学校任教，并在同一所大学共同完成硕士学位课程。他们决定一起参加全国中学生心理健康干预会议，以考察相关项目和技术，将其纳入学校计划。福克斯河中学校长考特尼邀请福克斯河中学辅导员帕特陪同他们参加会议，而中心中学校长泰勒没有邀请学校工作人员陪同他们参加会议，他考虑到会议结束后会邀请其他工作人员提供意见，以节省资金用于购买额外的课程材料或培训。

该会议有许多关于青少年心理健康的分组会议，包括几个专门关于社会与情绪学习策略和项目的会议。此外，大会还有一个大型展览厅，许多课程出版商和供应商在这里推广他们的产品。考特尼和帕特一起参加了几次会议，泰勒也参加了几次会议。福克斯河中学两人组很快就对一个特殊的社会与情绪学习项目印象深刻，它有许多优势，易于实施，并且符合预算。他们立即开始关注这个项目，不仅参加了一个关于它的使用的会议，而且花了相当多的时间在展览厅与这个项目的出版商见面。会议结束时，他们已经确定这个项目对他们的学校来说很理想，并且为每个开展第一阶段课程的老师安排了订单，他们还安排出版商的顾问晚些时候来学校，每年开展一次员工培训。泰勒并没有这么快作出决定，他参加了几次会议，并会见了一些出版商，但主要是收集信息，列出了几个可能不错的选择。

当参加完会议回到学校，回到日常生活中，两位校长采取了不同的方式来推进项目。考特尼召集福克斯河中学的工作人员开会，让他们知道已经作出什么决定，以及何时进行培训。泰勒与中心中学的工作人员谈论了他们在下一次教职工会议上的任务，分享了一些基本信息，然后成立了一个由三名教师、一名辅导员和一名学校心理学家组成的工作组，与领导层和工作人员合作制定计划。

该学年结束时，福克斯河中学的教职工已经完成培训，第一阶段的所有教师都实施了为期11周的社会与情绪学习课程。

中心中学的教职工在该学年使用了不同的方式。他们接受了一位州立大学的社会与情绪学习专家的培训，但工作主要集中在小组审查、缩小选择范围，并与学校其他教职工进行讨论上。到学年结束时，工作组向教职工和校长泰勒推荐了一个特定的项目，并为培训和明年实施该项目制定了时间表。经过一番讨论，他们作出决定，并订购了课程手册和材料。他们最终选择了福克斯河中学校长和辅导员选择并已经在学校实施的项目。

第二个学年开始时，福克斯河中学的教师继续按计划实施项目，除了在首次教职工会议上向校长提出一些问题和意见，以及偶尔在办公室或走廊与校长交流，没有额外的培训和投入。学校辅导员帕特提供咨询。到了学年中期，一些教师开始明显偏离社会与情绪学习项目实施手册的要求，一位教师甚至完全放弃使用该项目，选择实施自己版本的社会与情绪学习。没有制定数据收集或评估计划。到了学年末，学校匆忙制定了一个计划，收集一些评估数据以回应助理教育主管的要求。数据并不是特别具有说服力或实用性。此时教师的热情已经减退，但人们认为学校将在下一个学年继续保持现状。

中心中学的教职工在第二学年开始时进行了为期一天的全员培训，重点针对所选的社会与情绪学习课程。培训包括两个分组会议，用于解决问题、设定目标和向小组提供反馈。培训的最后一个小时由学校心理学家主持，讨论制定评估计划，学校心理学家、校长和辅导员一起制定了该计划。社会与情绪学习课程的第一堂课计划在第一学期的后半部分开始实施，以便有时间审查项目，并最终确定与教师协商和收集数据的计划。前几周的实施相对顺利，但数据收集过程表明一些教师需要重新培训，因为他们的实施不够规范，进展数据也显示出一些班级获得的技能较少。到了第二学期的上半部分，社会与情绪学习课程运转得如同一台高效的机器，并且持续的数据收集工作显示出课程的稳定增益，教师和学生也给出积极的反馈。到了学年末，校长和辅导员制定了在学校中加强社会与情绪学习课程主要概念的计划，例如早间公告、会议和在走廊里（张贴海报）。学年结束时的评估数据显示，学生在知识和行为情绪方面取得显著的进步，同时也有很强的社会效度。这一学年结束，教职工期待下一学年的社会与情绪学习课程。助理主管和学校董事会以中心中学的数据作为例子，展示了学校从社会与情绪学习中获得的益处。

两所学校的课程相同，结果却大相径庭。鉴于两所学校在学生和教职工构成上相似，为什么会出现这种差异呢？显然，这种差异是因为中心中学校长泰勒注重战略规划，了解社区的力量，利用系统知识，最终获得最佳结果。

参考文献

Adelman, H. S., & Taylor, L. (1997). Toward a scale-up model for replicating new approaches to schooling. *Journal of Educational and Psychological Consultation*, *8*, 197 - 230.

Association of American Educators. (2003). *The AAE "code of ethics"*. Retrieved October 1, 2008, from *www.aaeteachers.org/code-ethics.shtml*.

American Educational Research Association. (2000). *Ethical standards of the American educational research association*. Retrieved October 20, 2008, from *www.aera.net/uploadedFiles/About_AERA/Ethical_Standards/Ethical_Standards.pdf*.

American Psychological Association. (2003). *Guidelines on multicultural education, training, research, practice, and organizational change for psychologists*. Retrieved October 1, 2008, from *www.apa.org/pi/multiculturalguidelines/scope.html*.

Balcazar, F., Hopkins, B. L., & Suarez, Y. (1985). A critical, objective review of performance feedback. *Journal of Organizational Behavior Management*, *7*, 65 - 89.

Bar-On, R., & Parker, D. A. (2000). *Bar-On Emotional Quotient Inventory—Youth Version*. North Tonowanda, NY: MHS.

Baron-Cohen, S., & Bolton, P. (1993). *Autism: The facts*. New York: Oxford University Press.

Beaver, B. R. (2008). A positive approach to children's internalizing problems. *Professional Psychology: Research and Practice*, *39*, 129–136.

Beier, M. E., & Ackerman, P. L. (2005). Age, ability, and the role of prior knowledge on the acquisition of new domain knowledge: Promising results in a real-world learning environment. *Psychology and Aging*, *20*(2), 341–345.

Bernal, G., & Sáez-Santiago, E. (2006). Culturally centered psychological interventions. *Journal of Community Psychology*, *34*(2), 121–132.

Blair, C. (2002). School readiness: Integrating cognition and emotion in a neurobiolgical conceptualization of children's functioning at school entry. *American Psychologist*, *57*, 111–127.

Blanco-Vega, C. O., Castro-Olivo, S. M., & Merrell, K. W. (2008). Social-emotional needs of Latino immigrant adolescents: A sociocultural model for developing and implementation of culturally sensitive intervention. *Journal of Latinos in Education*, *7*(1), 43–61.

Bonavita, N., & Fairchild, M. (2001). Disproportionate minority representation in the juvenile justice system. *National Conference of State Legislature Legis-Brief*, *9*, 30.

Brandt, R. S. (1999). Successful implementation of SEL programs: Lessons from the thinking skills movement. In J. Cohen (Ed.), *Educating hearts and minds: Social emotional learning and the passage into adolescence* (pp.173–183). New York: Teachers College Press.

Bronfenbrenner, U. (1979). Contexts of child rearing: Problems and prospects. *The American Psychologist*, *34*, 844–850.

Buchanan, G. M., & Seligman, M. E. P. (1995). Afterward: The future of the field. In G. M. Buchanan & M. E. P. Seligman (Eds.), *Explanatory style* (pp.247–252). Hillsdale, NJ: Erlbaum.

CASEL. (2003). *Safe and sound: An educational leaders' guide to evidence-based social and emotional learning (SEL) programs*. Retrieved Februrary 5, 2009, from *www.casel.org/downloads/Safe%20and%20Sound/1A_*

Safe_&_Sound.pdf.

Castro, F. G., Barrera, M., & Martinez, C. R. (2004). The cultural adaptation of prevention interventions: Resolving tensions between fidelity and fit. *Society for Prevention Research*, *5*, 41 - 45.

Castro-Olivo, S. M. (2006). *The effects of a culturally adapted social-emotional learning curriculum on social-emotional and academic outcomes of Latino immigrant high school students.* Unpublished doctoral dissertation, University of Oregon, Eugene.

Catalano, R., Berglund, M. L., Ryan, J. A. M., Lonczak, H. S., & Hawkins, J. D. (2002). Positive youth development in the United States: Research findings on evaluations of positive youth development programs. *Prevention and Treatment*, *5*, N. P.

Catalano, R. F., Mazza, J., Harachi, T. W., Abbott, R. D., & Haggerty, K. P. (2003). Raising healthy children through enhancing social development in elementary school: Results after 1.5 years. *Journal of School Psychology*, *41*, 143 - 164.

Chavez, D., Moran, V. R., Reid, S., & Lopez, M. (1997). Acculturative stress in children: A modification of the SAFE scale. *Hispanic Journal of Behavioral Sciences*, *19*(1), 34 - 44.

Child Development Project. (1988). *Caring School Community.* Retrieved December 1, 2008, from *www.devstu.org/pdfs/cdp/cdp_eval_summary.pdf*

Clarke, G. N., & Lewinsohn, P. M. (1995). *Instructor's manual for the Adolescent Coping with Stress Course.* Portland, OR: Kaiser Permanente Center for Health Research. Available for free download at *www.kpchr.org/public/acwd/acwd.html.*

Coie, J., & Koeppl, G. (1990). Adapting intervention to the problems of aggressive and disruptive rejected children. In S. Asher & J. Coie (Eds.), *Peer rejection in childhood* (pp.309 - 337). New York: Cambridge University Press.

Coie, J. D., Miller-Johnson, S., & Bagwell, C. (2000). Prevention science.

In A. J. Sameroff, M. Lewis, & S. M. Miller (Eds.), *Handbook of developmental psychopathology* (pp.93 - 108). New York: Kluwer Academic/Plenum.

Collaborative for Academic, Social, and Emotional Learning. (2006). Casel practice rubric for school wide SEL implementation. Retrieved October 1, 2008, from *www.casel.org/downloads/Rubric.pdf*.

Committee for Children. (1988). *Second Step: A violence prevention curriculum* (1st ed.). Seattle, WA: Author.

Conduct Problems Prevention Research Group. (1999). Initial impact of the Fast Track prevention trial for conduct problems: II. Classroom effects. *Journal of Consulting and Clinical Psychology*, *67*, 648 - 657.

Cowen, E. L. (1994). The enhancement of psychological wellness: Challenges and opportunities. *American Journal of Community Psychology*, *22*, 149 - 179.

Crone, D. A., Hawken, L. S., & Horner, R. H. (2004). *Responding to problem behavior in schools. The behavior education program*. New York: Guilford Press.

Denham, S. A., & Weissberg, R. P. (2004). Social-emotional learning: What we know and where to go from here. In E. Chesebrough, P. King, T. P. Gullotta, & M. Bloom (Eds.), *A blueprint for the promotion of prosocial behavior in early childhood*. New York: Springer.

Doll, B., & Lyon, M. A. (1998). Risk and resilience: Implications for the delivery of educational and mental health services in schools. *School Psychology Review*, *27*, 348 - 364.

Donegan, A. L., & Rust, J. O. (1998). Rational emotive education for improving self-concept in second-grade students. *Journal of Humanistic Education and Development*, *36*, 248 - 256.

Dumas, J. E., Rollock, D., Prinz, R. J., Hops, H., & Blechman, E. A. (1999). Cultural sensitivity: Problems and solutions in applied and preventive intervention. *Applied and Preventive Psychology*, *8*, 175 - 196.

Durlak, J. A., & Weissberg, R. P. (2007). *The impact of after-school programs that promote personal and social skills*. Chicago: Collaborative for Academic, Social, and Emotional Learning.

Durlak, J. A., & Wells, A. M. (1997). Primary prevention mental health programs for children and adolescents: A meta-analytic review. *American Journal of Community Psychology*, *25*, 115 – 152.

Elias, M. J. (2004). Strategies to infuse social and emotional learning into academics. In J. E. Zins, R. P. Weissberg, M. C. Wang, & H. J. Walberg (Eds.), *Building academic success on social and emotional learning: What does the research say?* (pp. 113 – 134). New York: Teachers College Press.

Elias, M. J., & Bruene Butler, L. (2005). *Social Decision Making/Social Problem Solving curriculum for grades 2 – 5*. Champaign, IL: Research Press.

Elias, M. J., & Clabby, J. F. (1992). *Building social problem-solving skills: Guidelines from a school-based program*. San Francisco: Jossey-Bass.

Elias, M. J., Gara, M. A., Schuyler, T. F., Branden-Muller, L. R., & Sayette, M. A. (1991). The promotion of social competence: Longitudinal study of a preventative school-based program. *American Journal of Orthopsychiatry*, *61*, 409 – 417.

Epstein, M. H. (2004). *Behavioral Emotional Rating Scale* (2nd ed.). Austin, TX: PAR.

Fine, S. E., Izard, C. E., Mostow, A. J., Trentacosta, C. J., & Ackerman, B. P. (2003). First-grade emotion knowledge as a predictor of fifth-grade internalizing behaviors in children from economically disadvantaged families. *Development and Psychopathology*, *15*, 331 – 342.

Fixsen, D. L., Naoom, S. F., Blasé, K. A., Friedman, R. M., & Wallace, F. (2005). *Implementation research: A synthesis of the literature*. National Implementation Research Network. Retrieved July 20, 2005, from *nirn.fmhi.usf.edu*.

Goleman, D. (1995). *Emotional intelligence: Why it can matter more than IQ*. New York: Bantam Books.

Gonzales, N. A., & Kim, L. S. (1997). Stress and coping in an ethnic minority context. In S. A. Wolchik& I. N. Sandler (Eds.), *Handbook of children's coping: Linking theory and intervention* (pp.481 - 511). New York: Plenum Press.

Gonzalez, R., & Padilla, A. M. (1997). The academic resilience of Mexican American high school students. *Hispanic Journal of Behavioral Sciences*, *19*(3), 301 - 317.

Graziano, P. A., Reavis, R. D., Keane, S. P., & Calkins, S. D. (2007). The role of emotion regulation in children's early academic success. *Journal of School Psychology*, *45*, 3 - 19.

Greenberg, M. T., Domitrovich, C., & Bumbarger, B. (2000). *The prevention of mental disorders in school-age children: A review of the effectiveness of prevention programs*. Prevention Research Center for the Promotion of Human Development, College of Health and Human Development, Pennsylvania State University. Retrieved August 10, 2007, from *www.prevention.psu.edu/pubs/docs/CMHS.pdf*.

Greenberg, M. T., Domitrovich, C., & Bumbarger, B. (2001). The prevention of mental disorders in school-age children: Current state of the field. *Prevention and Treatment*, *4*, N. P.

Greenberg, M. T., & Kusche, C. A. (1998a). *Promoting alternative thinking strategies: Blueprint for violence prevention*. Book 10. Boulder: University of Colorado, Institute of Behavioral Science.

Greenberg, M. T., & Kusche, C. A. (1998b). Preventive intervention for school-age deaf children: The PATHS Curriculum. *Journal of Deaf Studies and Deaf Education*, *3*, 49 - 63.

Greenberg, M. T., Kusche, C. A., Cook, E. T., & Quamma, J. P. (1995). Promoting emotional competence in school-age children: The effects of the PATHS Curriculum. *Development and Psychopathology*, *7*, 117 - 136.

Greenberg, M. T., Weissberg, R. P., O'Brien, M. T., Zins, J. E., Fredericks, L., Resnik, H., et al. (2003). Enhancing school-based prevention and youth development through coordinated social, emotional, and academic learning. *American Psychologist*, *58*, 466 - 474.

Gresham, F. M. (2002). Teaching social skills to high-risk children and youth: Preventive and remedial strategies. In M. R. Shinn, H. M. Walker, & G. Stoner (Eds.), *Interventions for academic and behavior problems II: Preventive and remedial approaches* (pp. 403 - 432). Bethesda, MD: National Association of School Psychologists.

Gresham, F. M., & Elliott, S. N. (1990). *Social skills rating system*. Circle Pines, MN: AGS.

Gresham, F. M., & Elliott, S. N. (2008). *Social skills improvement system*. San Antonio, TX: Pearson.

Grimes, J., & Tilly, D. W. (1996). Policy and process: Means to lasting educational change. *School Psychology Review*, *25*, 465 - 476.

Gross, T. F. (2004). The perception of four basic emotions in human and nonhuman faces by children with autism and other developmental disabilities. *Journal of Abnormal Child Psychology*, *32*, 469 - 480.

Grossman, D. C., Neckerman, H. J., Koepsell, T. D., Liu, P. Y., Asher, K. N., Beland, K., et al. (1997). Effectiveness of a violence prevention curriculum among children in elementary school: A randomized controlled trial. *Journal of the American Medical Association*, *277* (20), 1605 - 1611.

Gueldner, B. A. (2006). *An investigation of the effectiveness of a social-emotional learning program with middle school students in a general education setting and the impact of consultation support using performance feedback*. Unpublished doctoral dissertation, University of Oregon, Eugene.

Gueldner, B. A., & Merrell, K. W. (in press). Evaluation of a social-emotional learning program using a consultation process integrating performance feedback and motivational interviewing. *Journal of Educational and Psychological Consultation*.

Harlacher, J. E. (2008). *Social and emotional learning as a universal level of support: Evaluating the follow-up effect of Strong Kids on social and emotional outcomes*. Unpublished doctoral dissertation, University of Oregon, Eugene.

Hawkins, J. D., Catalano, R. E., & Miller, J. Y. (1992). Risk and protective factors for alcohol and other drug problems in adolescence and early adulthood: Implications for substance abuse prevention. *Psychological Bulletin*, *112*(1), 64 - 105.

Hoagwood, K., & Erwin, H. D. (1997). Effectiveness of school-based mental health services for children: A 10-year research review. *Journal of Child and Family Studies*, *6*, 435 - 451.

Hoagwood, K., & Johnson, J. (2003). School psychology: A public health framework I. From evidence-based policies. *Journal of School Psychology*, *41*, 3 - 21.

Hosp, M. K., Hosp, J. L., & Howell, K. (2007). *The ABCs of CBM: A practical guide to curriculum-based measurement*. New York: Guilford Press.

Howse, R., Calkins, S., Anastopoulos, A., Keane, S., & Shelton, T. (2003). Regulatory contributors to children's academic achievement. *Early Education and Development*, *14*, 101 - 119.

Izard, C., Fine, S., Schultz, D., Mostow, A., Ackerman, B., & Youngstrom, D. (2001). Emotion knowledge as a predictor of social behavior and academic competence in children at risk. *Psychological Science*, *12*(1), 18 - 23.

Jimerson, S. R., Sharkey, J. D., Nyborg, V., & Furlong, M. J. (2004). Strengths-based assessment and school psychology: A summary and synthesis. *The California School Psychologist*, *9*, 9 - 19.

Joseph, G. E., & Strain, P. S. (2003). Comprehensive evidence-based social-emotional curricula for young children: An analysis of efficacious adoption potential. *Topics in Early Childhood Special Education*, *23* (2), 65–76.

Kame'enui, E. J., & Simmons, D. C. (1990). *Designing instructional strategies: The prevention of academic learning problems*. Hightstown, NJ: Macmillan.

Kataoka, S. H., Stein, B. D., Jaycox, L. H., Wong, M., Escudero, P., Tu, W., et al. (2003). A school-based mental health program for traumatized Latino immigrant children. *Journal of the American Academy of Child Adolescent Psychiatry*, *42*(3), 311–318.

Knoll, M., & Patti, J. (2003). Social-emotional learning and academic achievement. In M. J. Elias, H. Arnold, & C. Steiger Hussey (Eds.), *EQ + IQ = Best leadership practices for caring and successful schools* (pp.36–49). Thousand Oaks, CA: Corwin Press.

Kroeger, K. A., Schultz, J. R., & Newsom, C. (2007). A comparison of two group-delivered social skills programs for young children with autism. *Journal of Autism Developmental Disorders*, *37*, 808–817.

Kuhl, J., & Kraska, K. (1989). Self-regulation and meta-motivation: Computational mechanisms, development, and assessment. In R. Kanfer, P. Ackerman, & R. Cudeck (Eds.), *Abilities, motivation, and methodology: The Minnesota Symposium on learning and individual differences* (pp.373–374). Hillsdale, NJ: Erlbaum.

Kumpfer, K. L., Alvarado, R., Smith, P., & Bellamy, N. (2002). Cultural sensitivity and adaptation in family-based prevention interventions. *Prevention Science*, *3*, 241–246.

Kusche, C. A., & Greenberg, M. T. (1994). *The PATHS (Promoting Alternative Thinking Strategies) curriculum*. South Deerfield, MA: Channing-Bete.

Kutash, K., Duchnowski, A. J., & Lynn, N. (2006). *School-based mental health: An empirical guide for decision-makers*. Tampa: University of South Florida, The Louis de la Parte Florida Mental Health Institute, Department of Child and Family Studies, Research and Training Center for Children's Mental Health.

LeBuffe, P. A., Shapiro, V. B., & Naglieri, J. A. (2009). *Devereux Student Strengths Assessment*. Lewisville, NC: Kaplan Early Learning Company.

Levitt, V. H., & Merrell, K. W. (2009). Linking assessment to intervention for internalizing problems of children and adolescents. *School Psychology Forum*, *3*(1), 13 - 26.

Lieberman, A. F. (1989). What is culturally sensitive intervention? *Early Child Development and Care*, *50*, 197 - 204.

Lopez, S. J., Edwards, L. M., Pedrotti, J. T., Ito, A., & Rasmussen, H. N. (2002). Culture counts: Examinations of recent applications of the Penn resiliency program, or, toward a rubric for examining cultural appropriateness of prevention programming. *Prevention and Treatment*, *5*(12).

Lorion, R. P. (2000). Theoretical and evaluation issues in the promotion of wellness and the protection of "well enough". In D. Cicchetti, J. Rappaport, I. Sandler, & R. P. Weissberg (Eds.), *The promotion of wellness in children and adolescents* (pp. 1 - 27). Washington, DC: CWLA Press.

Martin, R., Drew, K., Gaddis, L., & Moseley, M. (1988). Prediction of elementary school achievement from preschool temperament: Three studies. *School Psychology Review*, *17*, 125 - 137.

Martinez, C. R., DeGarmo, D. S., & Eddy, J. M. (2004). Promoting academic success among Latino youth. *Hispanic Journal of Behavioral Sciences*, *26*(2), 128 - 151.

Martinez, C. R., & Eddy, J. M. (2005). Effects of culturally adapted parent management training on Latino youth behavioral health outcomes. *Journal of Community and Child Psychology*, *75*(4), 841 - 851.

McCombs, B. L. (2004). The learner-centered psychological principles: A framework for balancing academic achievement and social-emotional learning outcomes. In J. E. Zins, R. P. Weissberg, M. C. Wang, & H.

J. Walberg (Eds.), *Building academic success on social and emotional learning: What does the research say?* (pp. 23 - 39). New York: Teachers College Press.

Merrell, K. W. (2002a). *School Social Behavior Scales* (2nd ed.). Baltimore: Brookes.

Merrell, K. W. (2002b). *Home and Community Social Behavior Scales*. Baltimore: Brookes.

Merrell, K. W. (2008a). *Helping students overcome depression and anxiety: A practical guide* (2nd ed.). New York: Guilford Press.

Merrell, K. W. (2008b). *Behavioral, social, and emotional assessment of children and adolescents* (3rd ed.). New York/London: Taylor & Francis/Routledge.

Merrell, K. W. (2008c). *Social-Emotional Assets and Resilience Scales*. Eugene: University of Oregon, School Psychology Program. Available at *strongkids.uoregon.edu/SEARS.html*.

Merrell, K. W., & Buchanan, R. (2006). Intervention selection in school-based practice: Using public health models to enhance systems capacity of schools. *School Psychology Review*, *35*, 167 - 180.

Merrell, K. W., Carrizales, D., Feuerborn, L., Gueldner, B. A., & Tran, O. K. (2007a). *Strong Kids—grades 3 - 5: A social and emotional learning curriculum*. Baltimore: Brookes.

Merrell, K. W., Carrizales, D., Feuerborn, L., Gueldner, B. A., & Tran, O. K. (2007b). *Strong Kids—grades 6 - 8: A social and emotional learning curriculum*. Baltimore: Brookes.

Merrell, K. W., Carrizales, D., Feuerborn, L., Gueldner, B. A., & Tran, O. K. (2007c). *Strong Teens—grades 9 - 12: A social and emotional learning curriculum*. Baltimore: Brookes.

Merrell, K. W., Ervin, R. A., & Gimpel, G. A. (2006). *School psychology for the 21st century: Foundations and practices*. New York: Guilford Press.

Merrell, K. W., & Gimpel, G. A. (1998). *Social skills of children and adolescents: Conceptualization, assessment, and treatment*. Mahwah, NJ: Erlbaum.

Merrell, K. W., & Gueldner, B. A. (in press). Preventative interventions for students with internalizing disorders: Effective strategies for promoting mental health in schools. In M. R. Shinn, H. M. Walker, & G. Stoner (Eds.), *Interventions for achievement and behavior in a three-tiered model including RTI* (3rd ed.). Bethesda, MD: National Association of School Psychologists.

Merrell, K. W., Gueldner, B. A., & Tran, O. K. (2008). Social and emotional learning: A school-wide approach to socialization, friendship problems, and more. In B. J. Doll & J. A. Cummings (Eds.), *Transforming school mental health services: Population-based approaches to promoting the competency and wellness of children* (pp.165 - 185). Thousand Oaks, CA: Corwin Press/National Association of School Psychologists.

Merrell, K. W., Juskelis, M. P., Tran, O. K., & Buchanan, R. (2008). Social and emotional learning in the classroom: Evaluation of Strong Kids and Strong Teens on students' social-emotional knowledge and symptoms. *Journal of Applied School Psychology*, *24*, 208 - 224.

Merrell, K. W., Levitt, V. H., & Gueldner, B. A. (2010). Proactive strategies for promoting social competence and resilience. In G. Gimpel Peacock, R. A. Ervin, E. J. Daly III, & K. W. Merrell (Eds.), *Practical handbook of school psychology: Effective practices for the 21st century* (pp.254 - 273). New York: Guilford Press.

Merrell, K. W., Parisi, D., & Whitcomb, S. (2007). *Strong Start—Grades K - 2: A social and emotional learning curriculum*. Baltimore: Brookes.

Merrell, K. W., Whitcomb, S., & Parisi, D. (2009). *Strong Start—Pre-K: A social and emotional learning curriculum*. Baltimore: Brookes.

Michael, K. D., & Crowley, S. L. (2002). How effective are treatments for child and adolescent depression?: A meta-analytic review. *Clinical Psychology Review*, *22*, 247 - 269.

Morgenstern, J. (2004). *Time management from the inside out, second edition: The foolproof system to organizing your home, your office, you life*. New York: Holt.

Mortenson, B. P., & Witt, J. C. (1998). The use of weekly performance feedback to increase teacher implementation of a prereferral academic intervention. *School Psychology Review*, *27*, 613 - 627.

Nakayama, N. J. (2008). *An investigation of the impact of the Strong Kids curriculum on social-emotional knowledge and symptoms of elementary aged students in a self-contained special education setting*. Unpublished doctoral dissertation, University of Oregon, Eugene.

Napoli, M., Marsiglia, F. F., & Kulis, S. (2003). Sense of belonging in school as a protective factor against drug abuse among Native American urban adolescents. *Journal of Social Work Practice in the Addictions*, *3*(2), 25 - 41.

Nasir, N. S., & Hand, V. M. (2006). Exploring sociocultural perspectives on race, culture, and learning. *Review of Educational Research*, *76*(4), 449 - 475.

National Association of School Psychologists. (2000). *Professional code manual: Principles for professional ethics guidelines for the provision of school psychological services*. Retrieved October 1, 2008, from *nasponline.org/standards/ProfessionalCond.pdf*.

National Center for Educational Statistics. (2008a). *Number and percentage of children ages 3 to 5 and 6 to 21 served under the individuals with disabilities education act (IDEA), by race and type of disability: 2004*. Retrieved on October 10, 2008, from *nces.ed.gov/pubs2007/minoritytrends/tables/table_8_1b.asp?referrer=report*.

National Center for Educational Statistics. (2008b). *Table 2. 1a. Percentage distribution of public elementary and secondary school enrollment, by race/ethnicity: Selected years, 1986 to 2002*. Retrieved on October 10, 2008, from *nces.ed.gov/pubs2005/nativetrends/ShowTable.asp?table=tables/table_2_1a.rasp&indicator=2.1&excel=xls/table_2_1a.*

xls&excelsize=17.

Noell, G. H., Witt, J. C., Slider, N. J., Connell, J. E., Gatti, S. L., Williams, K. L., et al. (2005). Treatment implementation following behavioral consultation in schools: A comparison of three follow-up strategies. *School Psychology Review*, *34*, 87 - 106.

OSEP Technical Assistance Center on Positive Behavioral Interventions and Supports. (2008). What is schoolwide PBS. Retrieved September 9, 2008, from *www.pbis.org/schoolwide.htm.*

Pasi, R. (2001). *Higher expectations: Promoting social and emotional learning and academic learning in your school*. New York: Teachers College Press.

Petersen, K. S. (2005). *Safe and caring schools: Skills for school, skills for life*. Champaign, IL: Research Press.

Pianta, R., & Stuhlman, M. (1995). Teacher-child relationships and children's success in the first years of school. *School Psychology Review*, *33*, 444 - 458.

Prevention Research Group. (1993). *Promoting alternative thinking strategies*. Deerfield, MA: Channing Bete.

Riley-Tilman, T. C., & Burns, M. K. (2009). *Evaluating educational interventions: Single-case design for measuring response to intervention*. New York: Guilford Press.

Rumbaut, R. G. (2004). *Immigration, generation, and "Americanization": Empirical patterns and epidemiological paradoxes*. Paper presented at the National Hispanic Science Network on Drug Abuse, Fourth Annual National Scientific Conference, San Antonio, TX.

Rummler, G. A., & Brache, A. P. (1995). *Improving performance: How to manage the white space on the organization chart* (2nd ed.). San Francisco: Josey-Bass.

Search Institute. (2004). *Developmental Assets Profile*. Minneapolis, MN: Author.

Serpell, Z. N., Clauss-Ehlers, C. S., & Lindsey, M. A. (2007). Schools' provision of information regarding mental health and associated services to culturally diverse families. In S. W. Evans, M. D. Wesit, & A. N. Serpell (Eds.), *Advances in school-based mental health interventions: Best practices and program models* (pp.18-2-18-17). Kingston, NJ: Civic Research Institute.

Shelly, B. (2008). Rebels and their causes: State resistance to No Child Left Behind. *Publius: The Journal of Federalism*, *38*, 444-468.

Shure, M. B. (1990). *The What Happens Next Game (WHNG): Manual* (2nd ed.). Philadelphia: Drexel University.

Shure, M. B. (1992a). *I Can Problem Solve (ICPS): An interpersonal cognitive problem-solving program (kindergarten/primary grades)*. Champaign, IL: Research Press.

Shure, M. B. (1992b). *Preschool Interpersonal Problem Solving (PIPS) test: Manual* (2nd ed.). Philadelphia: Drexel University.

Shure, M. B., & Glaser, A. (2001). I Can Problem Solve (ICPS): A cognitive approach to the prevention of early high-risk behaviors. In J. Cohen (Ed.), *Caring classrooms/intelligent schools: The social emotional education of young children* (pp. 122-129). New York: Teachers College Press.

Smith, B. H., McQuillin, S. D., & Shapiro, C. J. (2008). An installation-adaptation-diffusion model of university-community-school partnerships. *Community Psychologist*, *41*, 43-45.

Solomon, D., Battistich, V., Watson, M., Schaps, E., & Lewis, C. (2000). A six-district study of educational change: Direct and mediated effects of the Child Development Project. *School Psychologist of Education*, *4*, 3-51.

Sugai, G., & Horner, R. H. (2002). Introduction to the special series on positive behavior support in schools. *Journal of Emotional and Behavioral Disorders*, *10*, 130-135.

Tran, O. K. (2007). *Promoting social and emotional learning in schools: An investigation of massed versus distributed practice schedules and social validity of the Strong Kids curriculum in late elementary-age students*. Unpublished doctoral dissertation, University of Oregon, Eugene.

Tran, O. K., & Merrell, K. W. (2008). Promoting student resiliency: Social and emotional learning as a universal prevention approach. In B. Doll (Ed.), *Handbook of youth prevention science*. New York: Routledge/Erlbaum.

Trentacosta, C. J., Izard, C. E., Mostow, A. J., & Fine, S. E. (2006). Children's emotional competence and attentional competence in elementary school. *School Psychology Quarterly*, *21*, 148 - 170.

U.S. Department of Health and Human Services, Substance Abuse and Mental Health Administration, Center for Mental Health Services. (2001). *Mental health: Culture, race, and ethnicity—A supplement to mental health: A report of the Surgeons General*. Rockville, MD: Author.

VanDenBerg, J. E., & Grealish, M. E. (1996). Individualized services and supports through the wrap-around process. *Journal of Child and Family Studies*, *5*, 7 - 21.

Vega, W. W., & Rumbaut, R. G. (1991). Ethnic minorities and mental health. *Annual Review of Sociology*, *17*(3), 51 - 83.

Vernon, A. (2006). *Thinking, feeling, behaving: An emotional education curriculum for children/grades 1 - 6*. Champaign, IL: Research Press.

Walker, H. M., Horner, R. H., Sugai, G., Bullis, M., Sprague, J. R., Bricker, D., et al. (1996). Integrated approaches to preventing antisocial behavior patterns among school-age children and youth. *Journal of Emotional and Behavioral Disorders*, *4*, 193 - 256.

Walker, H., Stiller, B., Severson, H. H., Feil, E. G., & Golly, A. (1998). First step to success: Intervening at the point of school entry to prevent antisocial behavior patterns. *Psychology in the Schools*, *35*, 259 - 269. Commercially packaged program materials are available from

Sopris West Publishing, *www.sopriswest.com*.

Watkins, C., & Slocum, T. (2004). The components of direct instruction. In N. E. Marchand-Martella, T. Slocum, & R. C. Martella (Eds.), *Introduction to direct instruction* (pp.28 - 65). Boston: Allyn & Bacon.

Weist, M. D., Axelrod Lowie, J., Flaherty, L. T., & Pruitt, D. (2001). Collaboration among the education, mental health, and public health systems to promote youth mental health. *Psychiatric Services*, *51*, 1348 - 1351.

Weist, M. D., Lindsey, M., Moore, E., & Slade, E. (2006). Building capacity in school mental health. *International Journal of Mental Health Promotion*, *8*, 30 - 36.

Whaley, A. L., & Davis, K. E. (2007). Cultural competence and evidence-based practice in mental health: A complementary perspective. *American Psychologists*, *62*(6), 563 - 574.

Wilson, D. B., Gottfredson, D. C., & Najaka, S. S. (2001). School-based prevention of problem behaviors: A meta-analysis. *Journal of Quantitative Criminology*, *17*, 247 - 272.

Witt, J. C., Noell, G., LaFleur, L., & Mortenson, B. P. (1997). Teacher use of intervention in general education setting: Measurement and analysis of the independent variable. *Journal of Applied Behavior Analysis*, *30*, 693 - 696.

Zins, J. E., Bloodworth, M. R., Weissberg, R. P., & Walberg, H. J. (2004). The scientific base linking social and emotional learning to school success. In J. E. Zins, R. P. Weissberg, M. C. Wang, & H. J. Walberg (Eds.), *Building academic success on social and emotional learning: What does the research say?* (pp.3 - 22). New York: Teachers College Press.

Zins, J. E., Payton, J. W., Weissberg, R. P., & Utne O'Brien, M. (2007). Social and emotional learning for successful school performance. In G. Mathews, M. Zeidner, & R. D. Roberts (Eds.), *The science of emo-*

tional intelligence: Known and unknowns. New York: Oxford University Press.

Zins, J. E., Weissberg, R. P., Wang, M. C., & Walberg, H. J. (Eds.). (2004). *Building academic success on social and emotional learning: What does the research say?* New York: Teachers College Press.

译后记

《课堂中的社会与情绪学习：促进心理健康和学业成就》是“学校心理干预实务系列”之一，本书的翻译由我和同事胡天翊副教授共同完成。翻译这本书是受上海师范大学心理学系原系主任李丹教授的邀请，李老师是儿童社会性发展领域的专家，感谢李老师给予我们这个机会，让我们这两个儿童心理健康的“门外汉”进行了一次深入学习。

社会与情绪学习（social and emotional learning，SEL），是美国学业、社会与情绪学习合作组织（Collaborative for Academic，Social，and Emotional Learning，CASEL）提出的结合正面管教理论、阿德勒心理学、发展心理学和儿童教育学的系统社会与情感学习课程，是提升基础教育质量，促进学生适应学习、生活及未来工作的重要教育理论和实践运动。

本书作者肯尼思·W. 梅里尔（Kenneth W. Merrell）博士和芭芭拉·A. 居尔德纳（Barbara A. Gueldner）博士在社会与情绪学习领域都有丰富的科研和临床工作经验。本书涉及使用社会与情绪学习的各个方面，包括规划社会与情绪学习并获取相关支持、选择课程工具、为学生和社区匹配最恰当的授课方式、测量和评估方案效果，是一本实用性非常强的指导性书籍。本书可以作为一本入门指南，适合已经了解和想要了解社会与情绪学习的教育工作者和心理健康领域的专业人士，学习如何在学校和相关环境中完整且结构化地使用社会与情绪学习。

本书的初译工作由胡天翊、我和多名研究生共同完成，具体分工如下：前言和第一章，胡天翊；第二章，陈贤亮；第三章，朱思静；第四章，王悦蕾；第五章，何佳沂、黄钰婷、柴梦搏；第六章，鲁盼、徐薇、肖依婷；第七章，毛颜浩、许昕玥；第八章和目录，蒋元萍、王明意、王玲、穆开代斯·海吾尔；全书译校：孙红月和胡天翊。书中可能会有理解和翻译不到位之处，恳请读者和同行不吝赐教，对此我们不胜感激。

再次感谢李丹教授，感谢上海教育出版社的各位老师。

孙红月

2023 年夏

First published in English under the title
Social and Emotional Learning in the Classroom: Promoting Mental Health and Academic Success by Kenneth W. Merrell and Barbara A. Gueldner

上海市版权局著作权合同登记章 图字：09-2018-047号

图书在版编目（CIP）数据

课堂中的社会与情绪学习：促进心理健康和学业成就 / (美) 肯尼思 · W.梅里尔（Kenneth W. Merrell），(美) 芭芭拉 · A.居尔德纳（Barbara A. Gueldner）著；孙红月，胡天翊译. — 上海：上海教育出版社，2023.11
（学校心理干预实务系列 / 李丹主编）
ISBN 978-7-5720-2376-7

Ⅰ. ①课… Ⅱ. ①肯… ②芭… ③孙… ④胡… Ⅲ. ①中小学生－心理健康－健康教育 Ⅳ. ①G444

中国国家版本馆CIP数据核字(2023)第221786号

责任编辑　徐凤娇
封面设计　郑　艺

学校心理干预实务系列
李　丹　主编
课堂中的社会与情绪学习：促进心理健康和学业成就
[美] 肯尼思 · W.梅里尔（Kenneth W. Merrell）
[美] 芭芭拉 · A.居尔德纳（Barbara A. Gueldner）　著
孙红月　胡天翊　译

出版发行　上海教育出版社有限公司
官　　网　www.seph.com.cn
地　　址　上海市闵行区号景路159弄C座
邮　　编　201101
印　　刷　浙江临安曙光印务有限公司
开　　本　890 × 1240　1/32　印张 9.5
字　　数　190 千字
版　　次　2023年11月第1版
印　　次　2023年11月第1次印刷
书　　号　ISBN 978-7-5720-2376-7/B·0054
定　　价　55.00 元

如发现质量问题，读者可向本社调换　电话：021-64373213